Poemas Completos de Alberto Caeiro

Fernando Pessoa

TEXTO INTEGRAL

3ª Edição

COLEÇÃO A OBRA-PRIMA DE CADA AUTOR

POEMAS COMPLETOS DE ALBERTO CAEIRO

Fernando Pessoa

TEXTO INTEGRAL

MARTIN CLARET

CRÉDITOS

IDEALIZAÇÃO E COORDENAÇÃO
Martin Claret

ASSISTENTE EDITORIAL
Rosana Gilioli Citino

CAPA
Ilustração
Marcellin Talbot

Direção de Arte
José Duarte T. de Castro

MIOLO
Revisão
André Lima
Marcos Ribeiro da Silva

Papel
Off-Set, 70g/m²

Impressão e Acabamento
Eskenazi Gráfica

Editora Martin Claret Ltda. – Rua Alegrete, 62 – Bairro Sumaré
CEP: 01254-010 – São Paulo – SP
Tel.: (0xx11) 3672-8144

www.martinclaret.com.br

Agradecemos a todos os nossos amigos e colaboradores — pessoas físicas e jurídicas — que deram as condições para que fosse possível a publicação deste livro.

6ª reimpressão - 2019

A história do livro e a coleção "A Obra-Prima de Cada Autor"

MARTIN CLARET

Que é o livro? Para fins estatísticos, na década de 1960, a UNESCO considerou o livro "uma publicação impressa, não periódica, que consta de no mínimo 48 páginas, sem contar as capas".

O livro é um produto industrial.

Mas também é mais do que um simples produto. O primeiro conceito que deveríamos reter é o de que o livro como objeto é o veículo, o suporte de uma informação. O livro é uma das mais revolucionárias invenções do homem.

A *Enciclopédia Abril* (1972), publicada pelo editor e empresário Victor Civita, no verbete "livro" traz concisas e importantes informações sobre a história do livro. A seguir, transcrevemos alguns tópicos desse estudo didático sobre o livro.

O livro na Antiguidade

Antes mesmo que o homem pensasse em utilizar determinados materiais para escrever (como, por exemplo, fibras vegetais e tecidos), as bibliotecas da Antiguidade estavam repletas de textos gravados em tabuinhas de barro cozido. Eram os primeiros "livros", depois progressivamente modificados até chegarem a ser feitos — em grandes tiragens — em papel impresso mecanicamente, proporcionando facilidade de leitura e transporte. Com eles, tornou-se possível, em todas as épocas, transmitir fatos, acontecimentos históricos, descobertas, tratados, códigos ou apenas entretenimento.

Como sua fabricação, a função do livro sofreu enormes modificações dentro das mais diversas sociedades, a ponto de constituir uma mercadoria especial, com técnica, intenção e utilização determinadas. No moderno movimento editorial das chamadas sociedades de consumo, o livro pode ser considerado uma mercadoria cultural, com maior ou menor significado no contexto socioeconômico em que é publicado. Enquanto mercadoria, pode ser comprado, vendido ou trocado. Isso não ocorre, porém, com sua função intrínseca, insubstituível: pode-se dizer que o livro é essencialmente um instrumento cultural de difusão de idéias, transmissão de conceitos, documentação (inclusive fotográfica e iconográfica), entretenimento ou ainda de condensação e acumulação do conhecimento. A palavra escrita venceu o tempo, e o livro conquistou o espaço. Teoricamente, toda a humanidade pode ser atingida por textos que difundem idéias que vão de Sócrates e Horácio a Sartre e McLuhan, de Adolf Hitler a Karl Marx.

Espelho da sociedade

A história do livro confunde-se, em muitos aspectos, com a história da humanidade. Sempre que escolhem frases e temas, e transmitem idéias e conceitos, os escritores estão elegendo o que consideram significativo no momento histórico e cultural que vivem. E, assim, fornecem dados para a análise de sua sociedade. O conteúdo de um livro — aceito, discutido ou refutado socialmente — integra a estrutura intelectual dos grupos sociais.

Nos primeiros tempos, o escritor geralmente vivia em contato direto com seu público, que era formado por uns poucos letrados, já cientes das opiniões, idéias, imaginação e teses do autor, pela própria convivência que tinha com ele. Muitas vezes, mesmo antes de ser redigido o texto, as idéias nele contidas já haviam sido intensamente discutidas pelo escritor e parte de seus leitores. Nessa época, como em várias outras, não se pensava na enorme porcentagem de analfabetos. Até o século XV, o livro servia exclusivamente a uma pequena minoria de sábios e estudiosos que constituíam os círculos intelectuais (confinados aos mosteiros durante o começo da Idade Média) e que tinham acesso às bibliotecas, cheias de manuscritos ricamente ilustrados.

Com o reflorescimento comercial europeu, nos fins do século XIV, burgueses e comerciantes passaram a integrar o mercado livreiro da época. A erudição laicizou-se e o número de escritores aumentou, surgindo também as primeiras obras escritas em línguas que não o latim e o grego (reservadas aos textos clássicos e aos assuntos considerados dignos de atenção). Nos séculos XVI e XVII, surgiram diversas literaturas nacionais, demonstrando, além do florescimento intelectual da época, que a população letrada dos países europeus estava mais capacitada a adquirir obras escritas.

Cultura e comércio

Com o desenvolvimento do sistema de impressão de Gutenberg, a Europa conseguiu dinamizar a fabricação de livros, imprimindo, em cinqüenta anos, cerca de 20 milhões de exemplares para uma população de quase 10 milhões de habitantes, cuja maioria era analfabeta. Para a época, isso significou enorme revolução, demonstrando que a imprensa só se tornou uma realidade diante da necessidade social de ler mais.

Impressos em papel, feitos em cadernos costurados e posteriormente encapados, os livros tornaram-se empreendimento cultural e comercial: os editores passaram logo a se preocupar com melhor apresentação e redução de preços. Tudo isso levou à comercialização do livro. E os livreiros baseavam-se no gosto do público para imprimir, principalmente obras religiosas, novelas, coleções de anedotas, manuais técnicos e receitas.

Mas a porcentagem de leitores não cresceu na mesma proporção que a expansão demográfica mundial. Somente com as modificações socioculturais e econômicas do século XIX — quando o livro começou a ser utilizado também como meio de divulgação dessas modificações e o conhecimento passou a significar uma conquista para o homem, que, segundo se acreditava, poderia ascender socialmente se lesse — houve um relativo aumento no número de leitores, sobretudo na França e na Inglaterra, onde alguns editores passaram a produzir obras completas de autores famosos, a preços baixos. O livro era então interpretado como símbolo de liberdade, conseguida por conquistas culturais. Entretanto, na maioria dos países, não houve nenhuma grande modificação nos índices porcentuais até o fim da Primeira Guerra Mundial (1914/18), quando surgiram as primeiras grandes tiragens de um só livro, principalmente romances, novelas e textos didáticos. O número elevado de cópias, além de baratear o preço da unidade, difundiu ainda mais a literatura. Mesmo assim, a maior parte da população de muitos países continuou distanciada, em parte porque o livro, em si, tinha sido durante muitos séculos considerado objeto raro, atingível somente por um pequeno número de eruditos. A grande massa da população mostrou maior receptividade aos jornais, periódicos e folhetins, mais dinâmicos e atualizados, e acessíveis ao poder aquisitivo da grande maioria. Mas isso não chegou a ameaçar o livro como símbolo cultural de difusão de idéias, como fariam, mais tarde, o rádio, o cinema e a televisão.

O advento das técnicas eletrônicas, o aperfeiçoamento dos métodos fotográficos e a pesquisa de materiais praticamente imperecíveis fazem alguns teóricos da comunicação de massa pensarem em um futuro sem os livros tradicionais (com seu formato quadrado ou retangular, composto de folhas de papel, unidas umas às outras por um dos lados). Seu conteúdo e suas mensagens (racionais ou emocionais) seriam transmitidos por outros meios, como por exemplo microfilmes e fitas gravadas.

A televisão transformaria o mundo todo em uma grande "aldeia" (como afirmou Marshall McLuhan), no momento em que todas as sociedades decretassem sua prioridade em relação aos textos escritos. Mas a palavra escrita dificilmente deixaria de ser considerada uma das mais importantes heranças culturais, entre todos os povos.

Através de toda a sua evolução, o livro sempre pôde ser visto como objeto cultural (manuseável, com forma entendida e interpretada em função de valores plásticos) e símbolo cultural (dotado de conteúdo, entendido e interpretado em função de valores semânticos). As duas maneiras podem fundir-se no pensamento coletivo, como um conjunto orgânico (onde texto e arte se completam, como, por exemplo, em um livro de arte) ou apenas como um conjunto textual (onde a mensagem escrita vem em primeiro lugar — em um livro de matemática, por exemplo).

A mensagem (racional, prática ou emocional) de um livro é sempre intelectual e pode ser revivida a cada momento. O conteúdo, estático em si, dinamiza-se em função da assimilação das palavras pelo leitor, que pode discuti-las, reafirmá-las, negá-las ou transformá-las. Por isso, o livro pode ser considerado instrumento cultural capaz de libertar informação, sons, imagens, sentimentos e idéias através do tempo e do espaço. A quantidade e a qualidade de idéias colocadas em um texto podem ser aceitas por uma sociedade, ou por ela negadas, quando entram em choque com conceitos ou normas culturalmente admitidos.

Nas sociedades modernas, em que a classe média tende a considerar o livro como sinal de *status* e cultura (erudição), os compradores utilizam-no como símbolo mesmo, desvirtuando suas funções ao transformá-lo em livro-objeto. Mas o livro é, antes de tudo, funcional — seu conteúdo é que lhe dá valor (como os livros de ciências, filosofia, religião, artes, história e geografia, que representam cerca de 75% dos títulos publicados anualmente em todo o mundo).

O mundo lê mais

No século XX, o consumo e a produção de livros aumentaram progressivamente. Lançado logo após a Segunda Guerra Mundial (1939/45), quando uma das características principais da edição de um livro eram as capas entreteladas ou cartonadas, o livro de bolso constituiu um grande êxito comercial. As obras — sobretudo *best sellers* publicados algum tempo antes em edições de luxo — passaram a ser impressas em rotativas, como as revistas, e distribuídas às bancas de jornal. Como as tiragens elevadas permitiam preços muito baixos, essas edições de bolso popularizaram-se e ganharam importância em todo o mundo.

Até 1950, existiam somente livros de bolso destinados a pessoas de baixo poder aquisitivo; a partir de 1955, desenvolveu-se a categoria do livro de bolso "de luxo". As características principais destes últimos eram a abundância de coleções — em 1964 havia mais de duzentas, nos Estados Unidos — e a variedade de títulos, endereçados a um público intelectualmente mais refinado. A essa diversificação das categorias adiciona-se a dos pontos-de-venda, que passaram a abranger, além das bancas de jornal, farmácias, lojas, livrarias, etc. Assim, nos Estados Unidos, o número de títulos publicados em edições de bolso chegou a 35 mil em 1969, representando quase 35% do total dos títulos editados.

Proposta da coleção
"A Obra-Prima de Cada Autor"

"Coleção" é uma palavra há muito tempo dicionarizada e define o conjunto ou reunião de objetos da mesma natureza ou que têm alguma relação entre si. Em um sentido editorial, significa o conjunto não-limitado de obras de autores diversos, publicado por uma mesma editora, sob um título geral indicativo de assunto ou área, para atendimento de segmentos definidos do mercado.

A coleção "A Obra-Prima de Cada Autor" corresponde plenamente à definição acima mencionada. Nosso principal objetivo é oferecer, em formato de bolso, a obra mais importante de cada autor, satisfazendo o leitor que procura qualidade.*

Desde os tempos mais remotos existiram coleções de livros. Em Nínive, em Pérgamo e na Anatólia existiam coleções de obras literárias de grande importância cultural. Mas nenhuma delas superou a célebre biblioteca de Alexandria, incendiada em 48 a.C. pelas legiões de Júlio César, quando estes arrasaram a cidade.

A coleção "A Obra-Prima de Cada Autor" é uma série de livros a ser composta por mais de 400 volumes, em formato de bolso, com preço altamente competitivo, e pode ser encontrada em centenas de pontos-de-venda. O critério de seleção dos títulos foi o já estabelecido pela tradição e pela crítica especializada. Em sua maioria, são obras de ficção e filosofia, embora possa haver textos sobre religião, poesia, política, psicologia e obras de auto-ajuda. Inauguram a coleção quatro textos clássicos: *Dom Casmurro*, de Machado de Assis; *O Príncipe*, de Maquiavel; *Mensagem*, de Fernando Pessoa e *O Lobo do Mar*, de Jack London.

Nossa proposta é fazer uma coleção quantitativamente aberta. A periodicidade é mensal. Editorialmente, sentimo-nos orgulhosos de poder oferecer a coleção "A Obra-Prima de Cada Autor" aos leitores brasileiros. Nós acreditamos na função do livro.

---

* Atendendo a sugestões de leitores, livreiros e professores, a partir de certo número da coleção começamos a publicar, de alguns autores, outras obras além da sua obra-prima.

Poemas completos de Alberto Caeiro*

Nestes poemas aparentemente tão símplices, o crítico, se se dispõe a uma análise cuidada, hora a hora se encontra defronte de elementos cada vez mais inesperados, cada vez mais complexos. Tomando por axiomático aquilo que, desde logo, o impressiona, a naturalidade e espontaneidade dos poemas de Caeiro, pasma de verificar que eles são, ao mesmo tempo, rigorosamente unificados por um pensamento filosófico que não só os coordena e concatena, mas que ainda mais, prevê objeções, antevê críticas, explica defeitos por uma integração deles na substância espiritual da obra. Assim, dando-se Caeiro por um poeta objetivo, como é, nós encontramo-lo, em quatro das suas canções, exprimindo impressões inteiramente subjetivas. Mas não temos a satisfação cruel de poder supor-nos a indicar-lhe que errou. No poema que imediatamente precede essas canções, ele explica que elas foram escritas durante uma doença, e que, portanto, têm por força que ser diferentes dos seus poemas normais, por isso que a doença não é a saúde. E assim o crítico não chegue a conduzir aos lábios a taça da sua satisfação cruel. Se quiser ter a alegria, um pouco menos concreta, de apontar outros pecados contra a teoria íntima da obra toda, vê-se confrontado por poemas como ...° e o...°, onde a sua objeção já está feita, e a sua questão respondida.

Só quem pacientemente, e com o espírito pronto, ler esta obra

* Apontamento solto de Ricardo Reis; s.d.; publicado, pela primeira vez, na primeira edição deste volume (Rio de Janeiro, GB, 23.03.1960).

pode avaliar o que esta previsão, esta coerência intelectual (mais ainda do que sentimental, ou emotiva) tem de desconcertante.

Tudo isso, porém, é verdadeiramente o espírito pagão. Aquela ordem e disciplina que o paganismo tinha, e o cristismo nos fez perder, aquela inteligência raciocinada das coisas, que era seu apanágio e não é nosso, está ali. Porque, se fala na forma aqui está na essência. E não é forma exterior do paganismo — repito — que Caeiro veio reconstruir; é a essência que chamou do Averno, como Orfeu a Eurídice, pela magia harmônica (melódica) da sua emoção.

Quais são, para meu critério, os defeitos desta obra? Dois só, e eles pouco empanam o seu fulgor irmão dos deuses.

Falta, nos poemas de Caeiro, aquilo que devia completá-los: a disciplina exterior, pela qual a força tomasse a coerência e a ordem que reina no íntimo da Obra. Ele escolheu, como se vê, um verso que, embora fortemente pessoal — como não podia deixar de ser —, é ainda o verso livre dos modernos. Não subordinou a expressão a uma disciplina comparável àquela a que subordinou quase sempre a emoção e sempre, a idéia. Perdoa-se-lhe a falta, porque aos inovadores muito se perdoa; mas não se pode omitir que seja uma falta, e não uma distinção.

Semelhantemente, a emoção enferma ainda um pouco do meio cristão em que surgiu para este mundo a alma do poeta. A idéia, sempre essencialmente pagã, usa por vezes um traje emotivo que não lhe é adequado. Em O Guardador de Rebanhos *há um aperfeiçoamento gradual neste sentido: os poemas finais — e sobretudo os quatro ou cinco que precedem os dois últimos — são de uma perfeita unidade idéia-emotiva. Eu perdoaria ao poeta que ele houvesse assim permanecido ainda escravo de certos apetrechos sentimentais da mentalidade cristista, se ele nunca, até o fim da obra, se conseguisse libertar deles. Mas se, a dada altura da sua evolução poética, ele o fez, culpo-o, e severamente o culpo (como severamente, em pessoa, o culpei) de são voltar aos seus poemas anteriores, ajustando-os à sua disciplina adquirida, e, se alguns a essa disciplina se não sujeitassem, riscando-os inteiramente. Mas a coragem de sacrificar o que se fez é a que mais escasseia ao poeta. Tão mais difícil é refazer que fazer a primeira vez. Verdadeiramente, ao invés do que diz o prolóquio gálico, é o último passo o que mais custa.*

Assim eu acho o...º poema, tão irritantemente enternecedor para um cristão, absolutamente deplorável para um poeta objetivo, para um reconstrutor da essência do paganismo. Nesse poema desce-se às últimas baixezas do subjetivismo cristista, indo até àquela mistura do objetivo com o subjetivo que é o distintivo doentio dos mais doentios dos modernos (desde certos pontos da obra intolerável do infeliz chamado Victor Hugo até à quase totalidade da magma amorfa que faz as vezes de poesia entre os nossos contemporâneos místicos).

Exagero, porventura, e abuso. Tendo aproveitado a ressurreição do paganismo que Caeiro conseguiu, e tendo como todos os aproveitadores conseguido a fácil arte secundária de aperfeiçoar, é talvez ingrato que me revolte contra os defeitos inerentes à inovação com que aproveitei. Mas, se os acho defeitos, tenho, embora os desculpe, que os apelidar de tais. Magis amica veritas.

Prefácio

RICARDO REIS

Alberto Caeiro da Silva nasceu em Lisboa a [16] de Abril em 1889, e nessa cidade faleceu, tuberculoso, em (?) de 1915. A sua vida, porém, decorreu quase toda numa quinta do Ribatejo; só os primeiros dois anos dele, e os últimos meses, foram passados na sua cidade natal. Nessa quinta isolada cuja aldeia próxima considerava por sentimento como sua terra, escreveu Caeiro quase todos os seus poemas — os primeiros, a que chamou "de criança", os do livro intitulado *O Guardador de Rebanhos*, os do livro, ou o quer que fosse, incompleto, chamado *O Pastor Amoroso*, e alguns, os primeiros, dos que eu mesmo, herdando-os para publicar, com todos os outros, reuni sob a designação, que Álvaro de Campos me sugeriu bem, de *Poemas Inconjuntos*. Os últimos destes poemas, a partir daquele numerado (?), são porém produto do último período da vida do autor, de novo passada em Lisboa. Julgo de meu dever estabelecer esta breve distinção, pois alguns desses últimos poemas revelam, na perturbação da doença, uma novidade um pouco estranha ao caráter geral da obra, assim em natureza como em direção.

A vida de Caeiro não pode narrar-se pois que não há nele de que narrar. Seus poemas são o que viveu. Em tudo mais não houve incidentes, nem há história. O mesmo breve episódio, improfícuo e absurdo, que deu origem aos [oito] poemas de *O Pastor Amoroso,* não foi um incidente, senão, por assim dizer, um esquecimento.

A obra de Caeiro representa a reconstrução integral de paganismo, na sua essência absoluta, tal como nem os gregos nem os romanos, que viveram nele e por isso o não pensaram, o puderam fazer. A obra, porém, e o seu paganismo, não foram nem pensados nem até sentidos: foram vividos com o que quer que seja que é em nós mais profundo que o sentimento ou a razão.

Dizer mais fora explicar, o que de nada serve; afirmar menos fora mentir. Toda obra fala por si, com a voz que lhe é própria, e naquela linguagem em que é pensada, quem não entende, não pode entender, e não há pois que explicar-lhe. E como fazer compreender a alguém, espaçando as palavras no dizer, um idioma que nunca aprendeu.

Ignorante da vida e quase ignorante das letras, quase sem convívio nem cultura, fez Caeiro a sua obra por um progresso imperceptível e profundo, como aquele que dirige, através das consciências inconscientes dos homens, o desenvolvimento lógico das civilizações. Foi um progresso de sensações, ou, antes, de maneiras de as ter, e uma evolução íntima de pensamentos derivados de tais sensações progressivas. Por uma intuição sobre-humana, como aquelas que fundam religiões para sempre, porém a que não assenta o título de religiosa, por isso que, como o sol e a chuva, repugna toda a religião e toda a metafísica, este homem descobriu o mundo sem pensar nele, e criou um conceito do universo que não contém meras interpretações.

Pensei, quando primeiro me foi entregada a empresa de prefaciar estes livros, em fazer um largo estudo, crítico e excursivo, sobre a obra de Caeiro e a sua natureza e destino fatal. Tentei com abundância escrevê-lo. Porém não pude fazer estudo algum que me satisfizesse. Não se pode comentar, porque se não pode pensar, o que é direto, como o céu e a terra; pode tão-somente ver-se e sentir-se.

Pesa-me que a razão me compila a dizer estas nenhumas palavras ante a obra do meu Mestre, de não poder escrever, de útil ou de necessário, com a cabeça, mais que disse, com o coração, na Ode [XIV] do Livro I meu, com a qual choro o homem que foi para mim, como virá a ser para mais que muitos, o revelador da Realidade, ou, como ele mesmo disse, "o Argonauta das sensações verdadeiras" — o grande Libertador, que nos restituiu, cantando, ao nada luminoso que somos; que nos arrancou à morte e à vida, deixando-nos entre as simples coisas, que nada conhecem, em seu decurso, de viver nem de morrer; que nos livrou da esperança e da desesperança, para que nos não consolemos sem razão nem nos entristeçamos sem causa; convivas com ele, sem pensar, da realidade objetiva do Universo.

Dou a obra, cuja edição me foi cometida, ao acaso fatal do mundo. Dou-a e digo:

Alegrai-vos, todos vós que chorais na maior das doenças da História!

O Grande Pã renasceu!

Esta obra inteira é dedicada
por desejo do próprio autor
à memória de
Cesário Verde

Poemas Completos de Alberto Caeiro

O Guardador de Rebanhos (1911-1912)

I

8/3/1914

Eu nunca guardei rebanhos,
Mas é como se os guardasse.
Minha alma é como um pastor,
Conhece o vento e o sol
E anda pela mão das estações
A seguir e a olhar.
Toda a paz da natureza sem gente
Vem sentar-se a meu lado.
Mas eu fico triste como um pôr-de-sol
Para a nossa imaginação,
Quando esfria no fundo da planície
E se sente a noite entrada
Como uma borboleta pela janela.

Mas a minha tristeza é sossego
Porque é natural e justa
E é o que deve estar na alma
Quando já pensa que existe
E as mãos colhem flores sem ela dar por isso.

Como um ruído de chocalhos
Para além da curva da estrada,
Os meus pensamentos são contentes,
Só tenho pena de saber que eles são contentes,
Porque, se o não soubesse,

Em vez de serem contentes e tristes,
Seriam alegres e contentes.

Pensar incomoda como andar à chuva
Quando o vento cresce e parece que chove mais.

Não tenho ambições nem desejos
Ser poeta não é uma ambição minha
É a minha maneira de estar sozinho.

E se desejo às vezes,
Por imaginar, ser cordeirinho
(Ou ser o rebanho todo
Para andar espalhado por toda a encosta
A ser muita coisa feliz ao mesmo tempo),
É só porque sinto o que escrevo ao pôr-do-sol,
Ou quando uma nuvem passa a mão por cima da luz
E corre um silêncio pela erva fora.

Quando me sento a escrever versos
Ou, passeando pelos caminhos ou pelos atalhos,
Escrevo versos num papel que está no meu pensamento,
Sinto um cajado nas mãos
E vejo um recorte de mim
No cimo dum outeiro,
Olhando para o meu rebanho e vendo as minhas idéias,
Ou olhando para as minhas idéias e vendo o meu rebanho,
E sorrindo vagamente como quem não compreende o que se diz
E quer fingir que compreende.

Saúdo todos os que me lerem,
Tirando-lhes o chapéu largo
Quando me vêem à minha porta
Mal a diligência levanta no cimo do outeiro.
Saúdo-os e desejo-lhes sol,
E chuva, quando a chuva é precisa,
E que as suas casas tenham
Ao pé duma janela aberta
Uma cadeira predileta
Onde se sentem, lendo os meus versos.

E ao lerem os meus versos pensem
Que sou qualquer coisa natural —
Por exemplo, a árvore antiga
À sombra da qual quando crianças
Se sentavam com um baque, cansados de brincar,
E limpavam o suor da testa quente
Com a manga do bibe riscado.

II

8/3/1914

O meu olhar é nítido como um girassol.
Tenho o costume de andar pelas estradas
Olhando para a direita e para a esquerda,
E de vez em quando olhando para trás...
E o que vejo a cada momento
É aquilo que nunca antes eu tinha visto,
E eu sei dar por isso muito bem...
Sei ter o pasmo essencial
Que tem uma criança se, ao nascer,
Reparasse que nascera deveras...
Sinto-me nascido a cada momento
Para a eterna novidade do mundo...

Creio no mundo como num malmequer,
Porque o vejo. Mas não penso nele
Porque pensar é não compreender...
O mundo não se fez para pensarmos nele
(Pensar é estar doente dos olhos)
Mas para olharmos para ele e estarmos de acordo.

Eu não tenho filosofia: tenho sentidos...
Se falo na natureza não é porque saiba o que ela é,
Mas porque a amo, e amo-a por isso,
Porque quem ama nunca sabe o que ama
Nem sabe por que ama, nem o que é amar...

Amar é a eterna inocência,
E a única inocência é não pensar...

III

Ao entardecer, debruçado pela janela,
E sabendo de soslaio que há campos em frente,
Leio até me arderem os olhos
O livro de Cesário Verde.

Que pena que tenho dele! Ele era um camponês
Que andava preso em liberdade pela cidade.
Mas o modo como olhava para as casas,
E o modo como reparava nas ruas,
E a maneira como dava pelas coisas,
É o de quem olha para árvores,
E de quem desce os olhos pela estrada por onde vai andando
E anda a reparar nas flores que há pelos campos...

Por isso ele tinha aquela grande tristeza
Que ele nunca disse bem que tinha,
Mas andava na cidade como quem anda no campo
E triste como esmagar flores em livros
E pôr plantas em jarros...

IV

Esta tarde a trovoada caiu
Pelas encostas do céu abaixo
Como um pedregulho enorme...
Como alguém que duma janela alta
Sacode uma toalha de mesa,
E as migalhas, por caírem todas juntas,
Fazem algum barulho ao cair,
A chuva chiou do céu
E enegreceu os caminhos...

Quando os relâmpagos sacudiam o ar
E abanavam o espaço
Como uma grande cabeça que diz que não,
Não sei porquê — eu não tinha medo —
Pus-me a rezar a Santa Bárbara
Como se eu fosse a velha tia de alguém...

Ah! É que rezando a Santa Bárbara
Eu sentia-me ainda mais simples
Do que julgo que sou...
Sentia-me familiar e caseiro
E tendo passado a vida
Tranqüilamente, como o muro do quintal;
Tendo idéias e sentimentos por os ter
Como uma flor tem perfume e cor...

Sentia-me alguém que possa acreditar em Santa Bárbara...
Ah, poder crer em Santa Bárbara!

(Quem crê que há Santa Bárbara,
Julgará que ela é gente e visível
Ou que julgará dela?)

(Que artifício! Que sabem
As flores, as árvores, os rebanhos,
De Santa Bárbara?... Um ramo de árvore,
Se pensasse, nunca podia
Construir santos nem anjos...
Poderia julgar que o sol
É Deus, e que a trovoada
É uma quantidade de gente
Zangada por cima de nós...
Ah, como os mais simples dos homens
São doentes e confusos e estúpidos
Ao pé da clara simplicidade
E saúde em existir
Das árvores e das plantas!)

E eu, pensando em tudo isto,
Fiquei outra vez menos feliz...
Fiquei sombrio e adoecido e soturno
Como um dia em que todo o dia a trovoada ameaça
E nem sequer de noite chega...

V

Há metafísica bastante em não pensar em nada.

O que penso eu do mundo?
Sei lá o que penso do mundo!
Se eu adoecesse pensaria nisso.

Que idéia tenho eu das coisas?
Que opinião tenho sobre as causas e os efeitos?
Que tenho eu meditado sobre Deus e a alma
E sobre a criação do Mundo?
Não sei. Para mim pensar nisso é fechar os olhos
E não pensar. É correr as cortinas
Da minha janela (mas ela não tem cortinas).

O mistério das coisas? Sei lá o que é mistério!
O único mistério é haver quem pense no mistério.
Quem está ao sol e fecha os olhos,
Começa a não saber o que é o sol
E a pensar muitas coisas cheias de calor.
Mas abre os olhos e vê o sol,
E já não pode pensar em nada,
Porque a luz do sol vale mais que os pensamentos
De todos os filósofos e de todos os poetas.
A luz do sol não sabe o que faz
E por isso não erra e é comum e boa.

Metafísica? Que metafísica têm aquelas árvores?
A de serem verdes e copadas e de terem ramos
E a de dar fruto na sua hora, o que não nos faz pensar,
A nós, que não sabemos dar por elas.
Mas que melhor metafísica que a delas,
Que é a de não saber para que vivem
Nem saber que o não sabem?

"Constituição íntima das coisas"...
"Sentido íntimo do Universo"...
Tudo isto é falso, tudo isto não quer dizer nada.
É incrível que se possa pensar em coisas dessas.
É como pensar em razões e fins
Quando o começo da manhã está raiando, e pelos lados das árvores
Um vago ouro lustroso vai perdendo a escuridão.

Pensar no sentido íntimo das coisas
É acrescentado, como pensar na saúde
Ou levar um copo à água das fontes.

O único sentido íntimo das coisas
É elas não terem sentido íntimo nenhum.

Não acredito em Deus porque nunca o vi.
Se ele quisesse que eu acreditasse nele,
Sem dúvida que viria falar comigo
E entraria pela minha porta dentro
Dizendo-me, *Aqui estou!*

(Isto é talvez ridículo aos ouvidos
De quem, por não saber o que é olhar para as coisas,
Não compreende quem fala delas
Com o modo de falar que reparar para elas ensina.)

Mas se Deus é as flores e as árvores
E os montes e sol e o luar,
Então acredito nele,
Então acredito nele a toda a hora,
E a minha vida é toda uma oração e uma missa,
E uma comunhão com os olhos e pelos ouvidos.

Mas se Deus é as árvores e as flores
E os montes e o luar e o sol,
Para que lhe chamo eu Deus?
Chamo-lhe flores e árvores e montes e sol e luar;
Porque, se ele se fez, para eu o ver,
Sol e luar e flores e árvores e montes,
Se ele me aparece como sendo árvores e montes

E luar e sol e flores,
É que ele quer que eu o conheça
Como árvores e montes e flores e luar e sol.

E por isso eu obedeço-lhe,
(Que mais sei eu de Deus que Deus de si próprio?),
Obedeço-lhe a viver, espontaneamente,
Como quem abre os olhos e vê,
E chamo-lhe luar e sol e flores e árvores e montes,
E amo-o sem pensar nele,
E penso-o vendo e ouvindo,
E ando com ele a toda a hora.

VI

Pensar em Deus é desobedecer a Deus,
Porque Deus quis que o não conhecêssemos,
Por isso se nos não mostrou...

Sejamos simples e calmos,
Como os regatos e as árvores,
E Deus amar-nos-á fazendo de nós
Belos como as árvores e os regatos,
E dar-nos-á verdor na sua primavera,
E um rio aonde ir ter quando acabemos...
E não nos dará mais nada, porque dar-nos mais
seria tirar-nos mais.

VII

Da minha aldeia vejo quanto da terra se pode ver no universo...
Por isso a minha aldeia é tão grande como outra terra qualquer,
Porque eu sou do tamanho do que vejo
E não do tamanho da minha altura...

Nas cidades a vida é mais pequena
Que aqui na minha casa no cimo deste outeiro.
Na cidade as grandes casas fecham a vista à chave,
Escondem o horizonte, empurram o nosso olhar para longe de todo o céu,
Tornam-nos pequenos porque nos tiram o que os nossos olhos nos
[podem dar,
E tornam-nos pobres porque a nossa única riqueza é ver.

VIII

Num meio-dia de fim de primavera
Tive um sonho como uma fotografia.
Vi Jesus Cristo descer à terra.
Veio pela encosta de um monte
Tornado outra vez menino,
A correr e a rolar-se pela erva
E a arrancar flores para as deitar fora
E a rir de modo a ouvir-se de longe.

Tinha fugido do céu.
Era nosso demais para fingir
De segunda pessoa da Trindade.
No céu era tudo falso, tudo em desacordo
Com flores e árvores e pedras.
No céu tinha que estar sempre sério
E de vez em quando de se tornar outra vez homem
E subir para a cruz, e estar sempre a morrer
Com uma coroa toda à roda de espinhos
E os pés espetados por um prego com cabeça,
E até com um trapo à roda da cintura
Como os pretos nas ilustrações.
Nem sequer o deixavam ter pai e mãe
Como as outras crianças.
O seu pai era duas pessoas —
Um velho chamado José, que era carpinteiro,
E que não era pai dele;
E o outro pai era uma pomba estúpida,
A única pomba feia do mundo
Porque não era do mundo nem era pomba.

E a sua mãe não tinha amado antes de o ter.
Não era mulher: era uma mala
Em que ele tinha vindo do céu.

E queriam que ele, que só nascera da mãe,
E nunca tivera pai para amar com respeito,
Pregasse a bondade e a justiça!

Um dia que Deus estava a dormir
E o Espírito Santo andava a voar,
Ele foi à caixa dos milagres e roubou três.
Com o primeiro fez que ninguém soubesse que ele tinha fugido.
Com o segundo criou-se eternamente humano e menino.
Com o terceiro criou um Cristo eternamente na cruz
E deixou-o pregado na cruz que há no céu
E serve de modelo às outras.
Depois fugiu para o sol
E desceu pelo primeiro raio que apanhou.

Hoje vive na minha aldeia comigo.
É uma criança bonita de riso e natural.
Limpa o nariz ao braço direito,
Chapinha nas poças de água,
Colhe as flores e gosta delas e esquece-as.
Atira pedras aos burros,
Rouba a fruta dos pomares
E foge a chorar e a gritar dos cães.
E, porque sabe que elas não gostam
E que toda a gente acha graça,
Corre atrás das raparigas
Que vão em ranchos pelas estradas
Com as bilhas às cabeças
E levanta-lhes as saias.

A mim ensinou-me tudo.
Ensinou-me a olhar para as coisas.
Aponta-me todas as coisas que há nas flores.
Mostra-me como as pedras são engraçadas
Quando a gente as tem na mão
E olha devagar para elas.

Diz-me muito mal de Deus.
Diz que ele é um velho estúpido e doente,
Sempre a escarrar no chão

E a dizer indecências.
A Virgem Maria leva as tardes da eternidade a fazer meia.
E o Espírito Santo coça-se com o bico
E empoleira-se nas cadeiras e suja-as.
Tudo no céu é estúpido como a Igreja Católica.
Diz-me que Deus não percebe nada
Das coisas que criou —
"Se é que ele as criou, do que duvido". —
"Ele diz, por exemplo, que os seres cantam a sua glória,
Mas os seres não cantam nada.
Se cantassem seriam cantores.
Os seres existem e mais nada,
E por isso se chamam seres."

E depois, cansado de dizer mal de Deus,
O Menino Jesus adormece nos meus braços
E eu levo-o ao colo para casa.
....

Ele mora comigo na minha casa a meio do outeiro.
Ele é a Eterna Criança, o deus que faltava.
Ele é o humano que é natural,
Ele é o divino que sorri e que brinca.
E por isso é que eu sei com toda a certeza
Que ele é o Menino Jesus verdadeiro.

E a criança tão humana que é divina
É esta minha quotidiana vida de poeta,
E é porque ele anda sempre comigo que eu sou poeta sempre,
E que o meu mínimo olhar
Me enche de sensação,
E o mais pequeno som, seja do que for,
Parece falar comigo.

A Criança Nova que habita onde vivo
Dá-me uma mão a mim
E a outra a tudo que existe
E assim vamos os três pelo caminho que houver,
Saltando e cantando e rindo
E gozando o nosso segredo comum

Que é o de saber por toda a parte
Que não há mistério no mundo
E que tudo vale a pena.
A Criança Eterna acompanha-me sempre.
A direção do meu olhar é o seu dedo apontando.
O meu ouvido atento alegremente a todos os sons
São as cócegas que ele me faz, brincando, nas orelhas.

Damo-nos tão bem um com o outro
Na companhia de tudo
Que nunca pensamos um no outro,
Mas vivemos juntos e dois
Com um acordo íntimo
Como a mão direita e a esquerda.

Ao anoitecer brincamos as cinco pedrinhas
No degrau da porta de casa,
Graves como convém a um deus e a um poeta,
E como se cada pedra
Fosse todo um universo
E fosse por isso um grande perigo para ela
Deixá-la cair no chão.

Depois eu conto-lhe histórias das coisas só dos homens
E ele sorri, porque tudo é incrível.
Ri dos reis e dos que não são reis,
E tem pena de ouvir falar das guerras,
E dos comércios, e dos navios
Que ficam fumo no ar dos altos-mares.
Porque ele sabe que tudo isso falta àquela verdade
Que uma flor tem ao florescer
E que anda com a luz do sol
A variar os montes e os vales.
E a fazer doer aos olhos os muros caiados.

Depois ele adormece e eu deito-o.
Levo-o ao colo para dentro de casa
E deito-o, despindo-o lentamente
E como seguindo um ritual muito limpo
E todo materno até ele estar nu.

Ele dorme dentro da minha alma
E às vezes acorda de noite
E brinca com os meus sonhos.
Vira uns de pernas para o ar,
Põe uns em cima dos outros
E bate as palmas sozinho
Sorrindo para o meu sono.
....

Quando eu morrer, filhinho,
Seja eu a criança, o mais pequeno.
Pega-me tu ao colo
E leva-me para dentro da tua casa.
Despe o meu ser cansado e humano
E deita-me na tua cama.
E conta-me histórias, caso eu acorde,
Para eu tornar a adormecer.
E dá-me sonhos teus para eu brincar
Até que nasça qualquer dia
Que tu sabes qual é.
....

Esta é a história do meu Menino Jesus.
Por que razão que se perceba
Não há de ser ela mais verdadeira
Que tudo quanto os filósofos pensam
E tudo quanto as religiões ensinam?

IX

Sou um guardador de rebanhos.
O rebanho é os meus pensamentos
E os meus pensamentos são todos sensações.
Penso com os olhos e com os ouvidos
E com as mãos e os pés
E com o nariz e a boca.

Pensar uma flor é vê-la e cheirá-la
E comer um fruto é saber-lhe o sentido.

Por isso quando num dia de calor
Me sinto triste de gozá-lo tanto,
E me deito ao comprido na erva,
E fecho os olhos quentes,
Sinto todo o meu corpo deitado na realidade,
Sei a verdade e sou feliz.

X

"Olá, guardador de rebanhos,
Aí à beira da estrada,
Que te diz o vento que passa?"

"Que é vento, e que passa,
E que já passou antes,
E que passará depois.
E a ti o que te diz?"

"Muita coisa mais do que isso.
Fala-me de muitas outras coisas.
De memórias e de saudades
E de coisas que nunca foram."

"Nunca ouviste passar o vento.
O vento só fala do vento.
O que lhe ouviste foi mentira,
E a mentira está em ti."

XI

Aquela senhora tem um piano
Que é agradável mas não é o correr dos rios
Nem o murmúrio que as árvores fazem...

Para que é preciso ter um piano?
O melhor é ter ouvidos
E amar a natureza.

XII

Os pastores de Virgílio tocavam avenas e outras coisas
E cantavam de amor literariamente
(Dizem — eu nunca li Virgílio.
Para que o havia eu de ler?).

Mas os pastores de Virgílio, coitados, são Virgílio,
E a natureza é bela e antiga.

XIII

Leve, leve, muito leve,
Um vento muito leve passa,
E vai-se, sempre muito leve.
E eu não sei o que penso
Nem procuro sabê-lo.

XIV

Não me importo com as rimas. Raras vezes
Há duas árvores iguais, uma ao lado da outra.
Penso e escrevo como as flores têm cor
Mas com menos perfeição no meu modo de exprimir-me
Porque me falta a simplicidade divina
De ser todo só o meu exterior

Olho e comovo-me,
Comovo-me como a água corre quando o chão é inclinado
E a minha poesia é natural como o levantar-se vento...

XV

As quatro canções que seguem
Separam-se de tudo o que eu penso,
Mentem a tudo o que eu sinto,
São do contrário do que eu sou...

Escrevi-as estando doente
E por isso elas são naturais
E concordam com aquilo que sinto,
Concordam com aquilo com que não concordam...
Estando doente devo pensar o contrário
Do que penso quando estou são
(Senão não estaria doente),
Devo sentir o contrário do que sinto
Quando sou eu na saúde,
Devo mentir à minha natureza
De criatura que sente de certa maneira...
Devo ser todo doente — idéias e tudo.
Quando estou doente, não estou doente para outra coisa.

Por isso essas canções que me renegam
Não são capazes de me renegar
E são a paisagem da minha alma de noite,
A mesma ao contrário...

XVI

Quem me dera que a minha vida fosse um carro de bois
Que vem a chiar, manhãzinha cedo, pela estrada,
E que para de onde veio volta depois,
Quase à noitinha pela mesma estrada.

Eu não tinha que ter esperanças — tinha só que ter rodas...
A minha velhice não tinha rugas nem cabelos brancos...
Quando eu já não servia, tiravam-me as rodas
E eu ficava virado e partido no fundo de um barranco.

Ou então faziam de mim qualquer coisa diferente
E eu não sabia nada do que de mim faziam...
Mas eu não sou um carro, sou diferente,
Mas em que sou realmente diferente nunca me diriam.

XVII

No meu prato que mistura de natureza!
As minhas irmãs as plantas,
As companheiras das fontes, as santas
A quem ninguém reza...

E cortam-as e vêm à nossa mesa
E nos hotéis os hóspedes ruidosos,
Que chegam com correias tendo mantas,
Pedem "salada", descuidosos...

Sem pensar que exigem à Terra-Mãe
A sua frescura e os seus filhos primeiros,
As primeiras verdes palavras que ela tem,
As primeiras coisas vivas e irisantes
Que Noé viu
Quando as águas desceram e o cimo dos montes
Verde e alagado surgiu
E no ar por onde a pomba apareceu
O arco-íris se esbateu...

XVIII

Quem me dera que eu fosse o pó da estrada
E que os pés dos pobres me estivessem pisando...

Quem me dera que eu fosse os rios que correm
E que as lavadeiras estivessem à minha beira...

Quem me dera que eu fosse os choupos à margem do rio
E tivesse só o céu por cima e a água por baixo...

Quem me dera que eu fosse o burro do moleiro
E que ele me batesse e me estimasse...

Antes isso que ser o que atravessa a vida
Olhando para trás de si e tendo pena...

XIX

O luar quando bate na relva
Não sei que coisas me lembra...
Lembra-me a voz da criada velha
Contando-me contos de fadas
E de como Nossa Senhora vestida de mendiga
Andava à noite nas estradas
Socorrendo as crianças maltratadas...

Se eu já não posso crer que isso é verdade,
Para que bate o luar na relva?

XX

O Tejo é mais belo que o rio que corre pela minha aldeia,
Mas o Tejo não é mais belo que o rio que corre pela minha aldeia
Porque o Tejo não é o rio que corre pela minha aldeia.

O Tejo tem grandes navios
E navega nele ainda,
Para aqueles que vêem em tudo o que lá não está,
A memória das naus.

O Tejo desce de Espanha
E o Tejo entra no mar em Portugal.
Toda a gente sabe isso.
Mas poucos sabem qual é o rio da minha aldeia
E para onde ele vai
E donde ele vem.
E por isso, porque pertence a menos gente,
É mais livre e maior o rio da minha aldeia.

Pelo Tejo vai-se para o mundo.
Para além do Tejo há a América
E a fortuna daqueles que a encontram.
Ninguém nunca pensou no que há para além
Do rio da minha aldeia.

O rio da minha aldeia não faz pensar em nada.
Quem está ao pé dele está só ao pé dele.

XXI

Se eu pudesse trincar a terra toda
E sentir-lhe um paladar,
Seria mais feliz um momento...
Mas eu nem sempre quero ser feliz.
É preciso ser de vez em quando infeliz
Para se poder ser natural...

Nem tudo é dias de sol,
E a chuva, quando falta muito, pede-se.
Por isso tomo a infelicidade com a felicidade
Naturalmente, como quem não estranha
Que haja montanhas e planícies
E que haja rochedos e erva...

O que é preciso é ser-se natural e calmo
Na felicidade ou na infelicidade,
Sentir como quem olha,
Pensar como quem anda,
E quando se vai morrer, lembrar-se de que o dia morre,
E que o poente é belo e é bela a noite que fica...
Assim é e assim seja...

XXII

Como quem num dia de verão abre a porta de casa
E espreita para o calor dos campos com a cara toda,
Às vezes, de repente, bate-me a natureza de chapa
Na cara dos meus sentidos,
E eu fico confuso, perturbado, querendo perceber
Não sei bem como nem o quê...

Mas quem me mandou a mim querer perceber?
Quem me disse que havia que perceber?

Quando o verão me passa pela cara
A mão leve e quente da sua brisa,
Só tenho que sentir agrado porque é brisa
Ou que sentir desagrado porque é quente,
E de qualquer maneira que eu o sinta,
Assim, porque assim o sinto, é que é meu dever senti-lo...

XXIII

O meu olhar azul como o céu
É calmo como a água ao sol.
É assim, azul e calmo,
Porque não interroga nem se espanta...

Se eu interrogasse e me espantasse
Não nasciam flores novas nos prados
Nem mudaria qualquer coisa no sol de modo a ele ficar mais belo.
(Mesmo se nascessem flores novas no prado
E se o sol mudasse para mais belo,
Eu sentiria menos flores no prado
E achava mais feio o sol...
Porque tudo é como é e assim é que é,
E eu aceito, e nem agradeço,
Para não parecer que penso nisso...)

XXIV

O que nós vemos das coisas são as coisas.
Por que veríamos nós uma coisa se houvesse outra?
Por que é que ver e ouvir seria iludirmo-nos
Se ver e ouvir são ver e ouvir?

O essencial é saber ver,
Saber ver sem estar a pensar,
Saber ver quando se vê,
E nem pensar quando se vê
Nem ver quando se pensa.

Mas isso (tristes de nós que trazemos a alma vestida!),
Isso exige um estudo profundo,
Uma aprendizagem de desaprender
E uma seqüestração na liberdade daquele convento
De que os poetas dizem que as estrelas são as freiras eternas
E as flores as penitentes convictas de um só dia,
Mas onde afinal as estrelas não são senão estrelas
Nem as flores senão flores,
Sendo por isso que lhes chamamos estrelas e flores.

XXV

13/3/1914

As bolas de sabão que esta criança
Se entretém a largar de uma palhinha
São translucidamente uma filosofia toda.

Claras, inúteis e passageiras como a natureza,
Amigas dos olhos como as coisas,
São aquilo que são
Com uma precisão redondinha e aérea,
E ninguém, nem mesmo a criança que as deixa,
Pretende que elas são mais do que parecem ser.

Algumas mal se vêem no ar lúcido.
São como a brisa que passa e mal toca nas flores
E que só sabemos que passa
Porque qualquer coisa se aligeira em nós
E aceita tudo mais nitidamente.

XXVI

11/3/1914

Às vezes, em dias de luz perfeita e exata,
Em que as coisas têm toda a realidade que podem ter,
Pergunto a mim próprio devagar
Por que sequer atribuo eu
Beleza às coisas.

Uma flor acaso tem beleza?
Tem beleza acaso um fruto?
Não: têm cor e forma
E existência apenas.
A beleza é o nome de qualquer coisa que não existe
Que eu dou às coisas em troca do agrado que me dão.
Não significa nada.
Então por que digo eu das coisas: são belas?

Sim, mesmo a mim, que vivo só de viver,
Invisíveis, vêm ter comigo as mentiras dos homens
Perante as coisas,
Perante as coisas que simplesmente existem.

Que difícil ser próprio e não ver senão o visível!

XXVII

Só a natureza é divina, e ela não é divina...

Se às vezes falo dela como de um ente
É que para falar dela preciso usar da linguagem dos homens
Que dá personalidade às coisas,
E impõe nome às coisas.

Mas as coisas não têm nome nem personalidade:
Existem, e o céu é grande e a terra larga,
E o nosso coração do tamanho de um punho fechado...

Bendito seja eu por tudo quanto não sei.
É isso tudo que verdadeiramente sou.
Gozo tudo isso como quem sabe que há o sol.

XXVIII

Li hoje quase duas páginas
Do livro dum poeta místico,
E ri como quem tem chorado muito.

Os poetas místicos são filósofos doentes,
E os filósofos são homens doidos.

Porque os poetas místicos dizem que as flores sentem
E dizem que as pedras têm alma
E que os rios têm êxtases ao luar.

Mas flores, se sentissem, não eram flores,
Eram gente;
E se as pedras tivessem alma, eram coisas vivas, não eram pedras;
E se os rios tivessem êxtases ao luar,
Os rios seriam homens doentes.

É preciso não saber o que são flores e pedras e rios
Para falar dos sentimentos deles.
Falar da alma das pedras, das flores, dos rios,
É falar de si próprio e dos seus falsos pensamentos.
Graças a Deus que as pedras são só pedras,
E que os rios não são senão rios,
E que as flores são apenas flores.

Por mim, escrevo a prosa dos meus versos
E fico contente,
Porque sei que compreendo a natureza por fora;
E não a compreendo por dentro
Porque a natureza não tem dentro;
Senão não era a natureza.

XXIX

Nem sempre sou igual no que digo e escrevo.
Mudo, mas não mudo muito.
A cor das flores não é a mesma ao sol
Do que quando uma nuvem passa
Ou quando entra a noite
E as flores são cor da sombra.

Mas quem olha bem vê que são as mesmas flores.
Por isso quando pareço não concordar comigo,
Reparem bem para mim:
Se estava virado para a direita,
Voltei-me agora para a esquerda,
Mas sou sempre eu, assente sobre os mesmos pés —
O mesmo sempre, graças ao céu e à terra
E aos meus olhos e ouvidos atentos
E à minha clara simplicidade de alma...

XXX

Se quiserem que eu tenha um misticismo, está bem, tenho-o.
Sou místico, mas só com o corpo.
A minha alma é simples e não pensa.

O meu misticismo é não querer saber.
É viver e não pensar nisso.

Não sei o que é a natureza: canto-a.
Vivo no cimo dum outeiro
Numa casa caiada e sozinha,
E essa é a minha definição.

XXXI

Se às vezes digo que as flores sorriem
E se eu disser que os rios cantam,
Não é porque eu julgue que há sorrisos nas flores
E cantos no correr dos rios...
É porque assim faço mais sentir aos homens falsos
A existência verdadeiramente real das flores e dos rios.

Porque escrevo para eles me lerem sacrifico-me às vezes
À sua estupidez de sentidos...
Não concordo comigo mas absolvo-me,
Porque só sou essa coisa séria, um intérprete da natureza,
Porque há homens que não percebem a sua linguagem,
Por ela não ser linguagem nenhuma.

XXXII

Ontem à tarde um homem das cidades
Falava à porta da estalagem.
Falava comigo também.
Falava da justiça e da luta para haver justiça
E dos operários que sofrem,
E do trabalho constante, e dos que têm fome,
E dos ricos, que só têm costas para isso.

E, olhando para mim, viu-me lágrimas nos olhos
E sorriu com agrado, julgando que eu sentia
O ódio que ele sentia, e a compaixão
Que ele dizia que sentia.

(Mas eu mal o estava ouvindo.
Que me importam a mim os homens
E o que sofrem ou supõem que sofrem?
Sejam como eu — não sofrerão.
Todo o mal do mundo vem de nos importarmos uns com os outros,
Quer para fazer bem, quer para fazer mal.
A nossa alma e o céu e a terra bastam-nos.
Querer mais é perder isto, e ser infeliz.)

Eu no que estava pensando
Quando o amigo de gente falava
(E isso me comoveu até as lágrimas),
Era em como o murmúrio longínquo dos chocalhos
A esse entardecer
Não parecia os sinos duma capela pequenina
A que fossem à missa as flores e os regatos
E as almas simples como a minha.

(Louvado seja Deus que não sou bom,
E tenho o egoísmo natural das flores

E dos rios que seguem o seu caminho
Preocupados sem o saber
Só com florir e ir correndo.
É essa a única missão no mundo,
Essa — existir claramente,
E saber fazê-lo sem pensar nisso.)

E o homem calara-se, olhando o poente.
Mas que tem com o poente quem odeia e ama?

XXXIII

Pobres das flores nos canteiros dos jardins regulares.
Parecem ter medo da polícia...
Mas tão boas que florescem do mesmo modo
E têm o mesmo sorriso antigo
Que tiveram à solta para o primeiro olhar do primeiro homem
Que as viu aparecidas e lhes tocou levemente
Para ver se elas falavam...

XXXIV

Acho tão natural que não se pense
Que me ponho a rir às vezes, sozinho,
Não sei bem de quê, mas é de qualquer coisa
Que tem que ver com haver gente que pensa...

Que pensará o meu muro da minha sombra?
Pergunto-me às vezes isto até dar por mim
A perguntar-me coisas...
E então desagrado-me, e incomodo-me
Como se desse por mim com um pé dormente...

Que pensará isto de aquilo?
Nada pensa nada.
Terá a Terra consciência das pedras e plantas que tem?
Se ela a tiver, que a tenha...
Que me importa isso a mim?
Se eu pensasse nessas coisas,
Deixaria de ver as árvores e as plantas
E deixava de ver a Terra,
Para ver só os meus pensamentos...
Entristecia e ficava às escuras.
E assim, sem pensar, tenho a Terra e o céu.

XXXV

O luar através dos altos ramos,
Dizem os poetas todos que ele é mais
Que o luar através dos altos ramos.

Mas para mim, que não sei o que penso,
O que o luar através dos altos ramos
É, além de ser
O luar através dos altos ramos,
É não ser mais
Que o luar através dos altos ramos.

XXXVI

E há poetas que são artistas
E trabalham nos seus versos
Como um carpinteiro nas tábuas!...

Que triste não saber florir!
Ter que pôr verso sobre verso, como quem constrói um muro
E ver se está bem, e tirar se não está!...
Quando a única casa artística é a Terra toda
Que varia e está sempre bem e é sempre a mesma.

Penso nisto, não como quem pensa, mas como quem respira,
E olho para as flores e sorrio...
Não sei se elas me compreendem
Nem se eu as compreendo a elas,
Mas sei que a verdade está nelas e em mim
E na nossa comum divindade
De nos deixarmos ir e viver pela Terra
E levar ao solo pelas estações contentes
E deixar que o vento cante para adormecermos
E não termos sonhos no nosso sono.

XXXVII

Como um grande borrão de fogo sujo
O sol-posto demora-se nas nuvens que ficam.

Vem um silvo vago de longe na tarde muito calma.
Deve ser dum comboio longínquo.

Neste momento vem-me uma vaga saudade
E um vago desejo plácido
Que aparece e desaparece.

Também às vezes, à flor dos ribeiros,
Formam-se bolhas na água
Que nascem e se desmancham
E não têm sentido nenhum
Salvo serem bolhas de água
Que nascem e se desmancham.

XXXVIII

Bendito seja o mesmo sol de outras terras
Que faz meus irmãos todos os homens,
Porque todos os homens, um momento no dia, o olham como eu,
E nesse puro momento
Todo limpo e sensível
Regressam lacrimosamente
E com um suspiro que mal sentem
Ao homem verdadeiro e primitivo
Que via o sol nascer e ainda o não adorava.
Porque isso é natural — mais natural
Que adorar o ouro e Deus
E a arte e a moral...
E depois tudo o mais que não há.

XXXIX

O mistério das coisas, onde está ele?
Onde está ele que não aparece
Pelo menos a mostrar-nos que é mistério?
Que sabe o rio disso e que sabe a árvore?
E eu, que não sou mais do que eles, que sei disso?
Sempre que olho para as coisas e penso no que os homens pensam
[delas,
Rio como um regato que soa fresco numa pedra.

Porque o único sentido oculto das coisas
É elas não terem sentido oculto nenhum.
É mais estranho do que todas as estranhezas
E do que os sonhos de todos os poetas
E os pensamentos de todos os filósofos,
Que as coisas sejam realmente o que parecem ser
E não haja nada que compreender.

Sim, eis o que os meus sentidos aprenderam sozinhos: —
As coisas não têm significação: têm existência.
As coisas são o único sentido oculto das coisas.

XL

7/5/1914

Passa uma borboleta por diante de mim
E pela primeira vez no universo eu reparo
Que as borboletas não têm cor nem movimento,
Assim como as flores não têm perfume nem cor.
A cor é que tem cor nas asas da borboleta,
No movimento da borboleta o movimento é que se move,
O perfume é que tem perfume no perfume da flor.
A borboleta é apenas borboleta
E a flor é apenas flor.

XLI

7/5/1914

No entardecer dos dias de verão, às vezes,
Ainda que não haja brisa nenhuma, parece
Que passa, um momento, uma leve brisa...
Mas as árvores permanecem imóveis
Em todas as folhas das suas folhas
E os nossos sentidos tiveram uma ilusão,
Tiveram a ilusão do que lhes agradaria...

Ah, os sentidos, os doentes que vêem e ouvem!
Fôssemos nós como devíamos ser
E não haveria em nós necessidade de ilusão...
Bastar-nos-ia sentir com clareza e vida
E nem repararmos para que há sentidos...

Mas graças a Deus que há imperfeição no mundo
Porque a imperfeição é uma coisa,
E haver gente que erra é original,
E haver gente doente torna o mundo engraçado.
Se não houvesse imperfeição, havia uma coisa a menos,
E deve haver muita coisa
Para termos muito que ver e ouvir
(Enquanto os olhos e ouvidos se não fecham)...

XLII

7/5/1914

Passou a diligência pela estrada, e foi-se;
E a estrada não ficou mais bela, nem sequer mais feia.
Assim é a ação humana pelo mundo fora.
Nada tiramos e nada pomos; passamos e esquecemos;
E o sol é sempre pontual todos os dias.

XLIII

7/5/1914

Antes o vôo da ave, que passa e não deixa rasto,
Que a passagem do animal, que fica lembrada no chão.
A ave passa e esquece, e assim deve ser.
O animal, onde já não está e por isso de nada serve,
Mostra que já esteve, o que não serve para nada.

A recordação é uma traição à natureza,
Porque a natureza de ontem não é natureza.
O que foi não é nada, e lembrar é não ver.

Passa, ave, passa, e ensina-me a passar!

XLIV

7/5/1914

Acordo de noite subitamente,
E o meu relógio ocupa a noite toda.
Não sinto a natureza lá fora.
O meu quarto é uma coisa escura com paredes vagamente brancas.

Lá fora há um sossego como se nada existisse.
Só o relógio prossegue o seu ruído.
E esta pequena coisa de engrenagens que está em cima da minha
[mesa
Abafa toda a existência da terra e do céu...
Quase que me perco a pensar o que isto significa,
Mas estaco, e sinto-me sorrir na noite com os cantos da boca,
Porque a única coisa que o meu relógio simboliza ou significa
Enchendo com a sua pequenez a noite enorme
É a curiosa sensação de encher a noite enorme,
E esta sensação é curiosa porque ele não enche a noite
Com a sua pequenez.

XLV

7/5/1914

Um renque de árvores lá longe, lá para a encosta.
Mas o que é um renque de árvores? Há árvores apenas.
Renque e o plural árvores não são coisas, são nomes.

Tristes das almas humanas, que põem tudo em ordem,
Que traçam linhas de coisa a coisa,
Que põem letreiros com nomes nas árvores absolutamente reais,
E desenham paralelos de latitude e longitude
Sobre a própria terra inocente e mais verde e florida do que isso!

XLVI

10/5/1914

Deste modo ou daquele modo,
Conforme calha ou não calha,
Podendo às vezes dizer o que penso,
E outras vezes dizendo-o mal e com misturas,
Vou escrevendo os meus versos sem querer,
Como se escrever não fosse uma coisa feita de gestos,
Como se escrever fosse uma coisa que me acontecesse
Como dar-me o sol de fora.

Procuro dizer o que sinto
Sem pensar em que o sinto.
Procuro encostar as palavras à idéia
E não precisar dum corredor
Do pensamento para as palavras.

Nem sempre consigo sentir o que sei que devo sentir.
O meu pensamento só muito devagar atravessa o rio a nado
Porque lhe pesa o fato que os homens o fizeram usar.

Procuro despir-me do que aprendi,
Procuro esquecer-me do modo de lembrar que me ensinaram,
E raspar a tinta com que me pintaram os sentidos,
Desencaixotar as minhas emoções verdadeiras,
Desembrulhar-me e ser eu, não Alberto Caeiro,
Mas um animal humano que a natureza produziu.

E assim escrevo, querendo sentir a natureza, nem sequer como um
[homem,
Mas como quem sente a natureza, e mais nada.
E assim escrevo, ora bem, ora mal,
Ora acertando com o que quero dizer, ora errando,
Caindo aqui, levantando-me acolá,

Mas indo sempre no meu caminho como um cego teimoso.
Ainda assim, sou alguém.
Sou o Descobridor da Natureza.
Sou o Argonauta das sensações verdadeiras.
Trago ao Universo um novo Universo
Porque trago ao Universo ele-próprio.

Isto sinto e isto escrevo
Perfeitamente sabedor e sem que não veja
Que são cinco horas do amanhecer
E que o sol, que ainda não mostrou a cabeça
Por cima do muro do horizonte,
Ainda assim já se lhe vêem as pontas dos dedos
Agarrando o cimo do muro
Do horizonte cheio de montes baixos.

XLVII

Num dia excessivamente nítido,
Dia em que dava a vontade de ter trabalhado muito
Para nele não trabalhar nada,
Entrevi, como uma estrada por entre as árvores,
O que talvez seja o Grande Segredo,
Aquele Grande Mistério de que os poetas falsos falam.

Vi que não há natureza,
Que natureza não existe,
Que há montes, vales, planícies,
Que há árvores, flores, ervas,
Que há rios e pedras,
Mas que não há um todo a que isso pertença,
Que um conjunto real e verdadeiro
É uma doença das nossas idéias.

A natureza é partes sem um todo.
Isto é talvez o tal mistério de que falam.

Foi isto o que sem pensar nem parar,
Acertei que devia ser a verdade
Que todos andam a achar e que não acham,
E que só eu, porque a não fui achar, achei.

XLVIII

Da mais alta janela da minha casa
Com um lenço branco digo adeus
Aos meus versos que partem para a humanidade.

E não estou alegre nem triste.
Esse é o destino dos versos.
Escrevi-os e devo mostrá-los a todos
Porque não posso fazer o contrário
Como a flor não pode esconder a cor.
Nem o rio esconder que corre,
Nem a árvore esconder que dá fruto.

Ei-los que vão já longe como que na diligência
E eu sem querer sinto pena
Como uma dor no corpo.

Quem sabe quem os lerá?
Quem sabe a que mãos irão?

Flor, colheu-me o meu destino para os olhos.
Árvore, arrancaram-me os frutos para as bocas.
Rio, o destino da minha água era não ficar em mim.
Submeto-me e sinto-me quase alegre,
Quase alegre como quem se cansa de estar triste.

Ide, ide de mim!
Passa a árvore e fica dispersa pela natureza.
Murcha a flor e o seu pó dura sempre.
Corre o rio e entra no mar e a sua água é sempre a que foi sua.

Passo e fico, como o universo.

XLIX

Meto-me para dentro, e fecho a janela.
Trazem o candeeiro e dão as boas-noites,
E a minha voz contente dá as boas-noites.
Oxalá a minha vida seja sempre isto:
O dia cheio de sol, ou suave de chuva,
Ou tempestuoso como se acabasse o mundo,
A tarde suave e os ranchos que passam
Fitados com interesse da janela,
O último olhar amigo dado ao sossego das árvores,
E depois, fechada a janela, o candeeiro aceso,
Sem ler nada, nem pensar em nada, nem dormir,
Sentir a vida correr por mim como um rio por seu leito,
E lá fora um grande silêncio como um deus que dorme.

O Pastor Amoroso

I

6/7/1914

Quando eu não te tinha
Amava a natureza como um monge calmo a Cristo...
Agora amo a natureza
Como um monge calmo à Virgem Maria,
Religiosamente, a meu modo, como dantes,
Mas de outra maneira mais comovida e próxima.
Vejo melhor os rios quando vou contigo
Pelos campos até à beira dos rios;
Sentado a teu lado reparando nas nuvens
Reparo nelas melhor —
Tu não me tiraste a natureza...
Tu não me mudaste a natureza...
Trouxeste-me a natureza para o pé de mim.
Por tu existires vejo-a melhor, mas a mesma,
Por tu me amares, amo-a do mesmo modo, mas mais,
Por tu me escolheres para te ter e te amar,
Os meus olhos fitaram-na mais demoradamente
Sobre todas as coisas.
Não me arrependo do que fui outrora
Porque ainda o sou.
Só me arrependo de outrora te não ter amado.

II

6/7/1914

Vai alta no céu a lua da primavera
Penso em ti e dentro de mim estou completo.

Corre pelos vagos campos até mim uma brisa ligeira.
Penso em ti, murmuro o teu nome; e não sou eu: sou feliz.

Amanhã virás, andarás comigo a colher flores pelos campos,
E eu andarei contigo pelos campos a ver-te colher flores.

Eu já te vejo amanhã a colher flores comigo pelos campos,
Pois quando vieres amanhã e andares comigo no campo a colher
[flores,
Isso será uma alegria e uma verdade para mim.

III

Agora que sinto amor
Tenho interesse nos perfumes.
Nunca antes me interessou que uma flor tivesse cheiro.
Agora sinto o perfume das flores como se visse uma coisa nova.
Sei bem que elas cheiravam, como sei que existia.
São coisas que se sabem por fora.
Mas agora sei com a respiração da parte de trás da cabeça.
Hoje as flores sabem-me bem num paladar que se cheira.
Hoje às vezes acordo e cheiro antes de ver.

IV

10/7/1930

O amor é uma companhia.
Já não sei andar só pelos caminhos,
Porque já não posso andar só.
Um pensamento visível faz-me andar mais depressa
E ver menos, e ao mesmo tempo gostar bem de ir vendo tudo.
Mesmo a ausência dela é uma coisa que está comigo.
E eu gosto tanto dela que não sei como a desejar.
Se a não vejo, imagino-a e sou forte como as árvores altas.
Mas se a vejo tremo, não sei o que é feito do que sinto na ausência
[dela.
Todo eu sou qualquer força que me abandona.
Toda a realidade olha para mim como um girassol com a cara dela
[no meio.

V

10/7/1930

O pastor amoroso perdeu o cajado,
E as ovelhas tresmalharam-se pela encosta,
E, de tanto pensar, nem tocou a flauta que trouxe para tocar.
Ninguém lhe apareceu ou desapareceu... Nunca mais encontrou o cajado.
Outros, praguejando contra ele, recolheram-lhe as ovelhas.
Ninguém o tinha amado, afinal.
Quando se ergueu da encosta e da verdade falsa, viu tudo:
Os grandes vales cheios dos mesmos vários verdes de sempre,
As grandes montanhas longe, mais reais que qualquer sentimento,
A realidade toda, com o céu e o ar e os campos que existem, estão
[presentes.
(E de novo o ar, que lhe faltara tanto tempo, lhe entrou fresco nos
[pulmões)
E sentiu que de novo o ar lhe abria, mas com dor, uma liberdade no
[peito.

VI

10/7/1930

Passei toda a noite, sem saber dormir, vendo, sem espaço, a figura
[dela,
E vendo-a sempre de maneiras diferentes do que a encontro a ela.
Faço pensamentos com a recordação do que ela é quando me fala,
E em cada pensamento ela varia de acordo com a sua semelhança.
Amar é pensar.
E eu quase que me esqueço de sentir só de pensar nela.
Não sei bem o que quero, mesmo dela, e eu não penso senão nela.

Tenho uma grande distração animada.
Quando desejo encontrá-la,
Quase que prefiro não a encontrar,
Para não ter que a deixar depois.
E prefiro pensar dela, porque dela como é tenho qualquer medo.
Não sei bem o que quero, nem quero saber o que quero.
Quero só pensar nela.
Não peço nada a ninguém, nem a ela, senão pensar.

VII

Talvez quem vê bem não sirva para sentir
E não agrade por estar muito antes das maneiras.
É preciso ter modos para todas as coisas,
E cada coisa tem o seu modo, e o amor também.
Quem tem o modo de ver os campos pelas ervas
Não deve ter a cegueira que faz fazer sentir.
Amei, e não fui amado, o que só vi no fim,
Porque não se é amado como se nasce mas como acontece.
Ela continua tão bonita de cabelo e boca como dantes,
E eu continuo como era dantes, sozinho no campo.
Como se tivesse estado de cabeça baixa,
Penso isto, e fico de cabeça alta
E o dourado sol seca as lágrimas pequenas que não posso deixar
[de ter.
Como o campo é grande e o amor pequeno!
Olho, e esqueço, como o mundo enterra e as árvores se despem.

Eu não sei falar porque estou a sentir.
Estou a escutar a minha voz como se fosse de outra pessoa,
E a minha voz fala dela como se ela é que falasse.
Tem o cabelo de um louro amarelo de trigo ao sol claro,
E a boca quando fala diz coisas que não há nas palavras.
Sorri, e os dentes são limpos como pedras do rio.

VIII

23/7/1930

Todos os dias agora acordo com alegria e pena.
Antigamente acordava sem sensação nenhuma; acordava.
Tenho alegria e pena porque perco o que sonho
E posso estar na realidade onde está o que sonho.
Não sei o que hei de fazer das minhas sensações.
Não sei o que hei de ser comigo sozinho.
Quero que ela me diga qualquer coisa para eu acordar de novo.

Quem ama é diferente de quem é.
É a mesma pessoa sem ninguém.

Poemas inconjuntos (1913-1915)

Não basta abrir a janela
Para ver os campos e o rio.
Não é bastante não ser cego
Para ver as árvores e as flores.
É preciso também não ter filosofia nenhuma.
Com filosofia não há árvores: há idéias apenas.
Há só cada um de nós, como uma cave.
Há só uma janela fechada, e todo o mundo lá fora;
E um sonho do que se poderia ver se a janela se abrisse,
Que nunca é o que se vê quando se abre a janela.

Falas de civilização, e de não dever ser,
Ou de não dever ser assim.
Dizes que todos sofrem, ou a maioria de todos,
Com as coisas humanas postas desta maneira.
Dizes que se fossem diferentes, sofreriam menos.
Dizes que se fossem como tu queres, seria melhor.
Escuto sem te ouvir.
Para que te quereria eu ouvir?
Ouvindo-te nada ficaria sabendo.
Se as coisas fossem diferentes, seriam diferentes: eis tudo.
Se as coisas fossem como tu queres, seriam só como tu queres.
Ai de ti e de todos que levam a vida
A querer inventar a máquina de fazer felicidade!

Entre o que vejo de um campo e o que vejo de outro campo
Passa um momento uma figura de homem.
Os seus passos vão com "ele" na mesma realidade,
Mas eu reparo para ele e para eles, e são duas coisas:
O "homem" vai andando com as suas idéias, falso e estrangeiro,
E os passos vão com o sistema antigo que faz pernas andar.
Olho-o de longe sem opinião nenhuma.
Que perfeito que é nele o que ele é — o seu corpo,
A sua verdadeira realidade que não tem desejos nem esperanças,
Mas músculos e a maneira certa e impessoal de os usar.

12/4/1919

Criança desconhecida e suja brincando à minha porta,
Não te pergunto se me trazes um recado dos símbolos.
Acho-te graça por nunca te ter visto antes,
E naturalmente se pudesses estar limpa eras outra criança,
Nem aqui vinhas.
Brinca na poeira, brinca!
Aprecio a tua presença só com os olhos.
Vale mais a pena ver uma coisa sempre pela primeira vez que conhecê-la,
Porque conhecer é como nunca ter visto pela primeira vez,
E nunca ter visto pela primeira vez é só ter ouvido contar.

O modo como esta criança está suja é diferente do modo como as
[outras estão sujas.
Brinca! Pegando numa pedra que te cabe na mão,
Sabes que te cabe na mão.
Qual é a filosofia que chega a uma certeza maior?
Nenhuma, e nenhuma pode vir brincar nunca à minha porta.

12/4/191

Verdade, mentira, certeza, incerteza...
Aquele cego ali na estrada também conhece estas palavras.
Estou sentado num degrau alto e tenho as mãos apertadas
Sobre o mais alto dos joelhos cruzados.
Bem: verdade, mentira, certeza, incerteza o que são?
O cego pára na estrada,
Desliguei as mãos de cima do joelho.
Verdade, mentira, certeza, incerteza são as mesmas?
Qualquer coisa mudou numa parte da realidade — os meus joelhos
[e as minhas mãos.
Qual é a ciência que tem conhecimento para isto?
O cego continua o seu caminho e eu não faço mais gestos.
Já não é a mesma hora, nem a mesma gente, nem nada igual.
Ser real é isto.

12/4/1919

Uma gargalhada de rapariga soa do ar da estrada.
Riu do que disse quem não vejo.
Lembro-me já que ouvi.
Mas se me falarem agora de uma gargalhada de rapariga da estrada,
Direi: não, os montes, as terras ao sol, o sol, a casa aqui,
E eu que só ouço o ruído calado do sangue que há na minha vida dos
[dois lados da cabeça.

12/4/1919

Noite de S. João para além do muro do meu quintal.
Do lado de cá, eu sem noite de S. João.
Porque há S. João onde o festejam.
Para mim há uma sombra de luz de fogueiras na noite,
Um ruído de gargalhadas, os baques dos saltos.
E um grito casual de quem não sabe que eu existo.

Ontem o pregador de verdades dele
Falou outra vez comigo.
Falou do sofrimento das classes que trabalham
(Não do das pessoas que sofrem, que é afinal quem sofre).
Falou da injustiça de uns terem dinheiro,
E de outros terem fome, que não sei se é fome de comer,
Ou se é só fome da sobremesa alheia.
Falou de tudo quanto pudesse fazê-lo zangar-se.

Que feliz deve ser quem pode pensar na infelicidade dos outros!
Que estúpido se não sabe que a infelicidade dos outros é deles,
E não se cura de fora,
Porque sofrer não é ter falta de tinta
Ou o caixote não ter aros de ferro!

Haver injustiça é como haver morte.
Eu nunca daria um passo para alterar
Aquilo a que chamam a injustiça do mundo.
Mil passos que desse para isso
Eram só mil passos.
Aceito a injustiça como aceito uma pedra não ser redonda,
E um sobreiro não ter nascido pinheiro ou carvalho.

Cortei a laranja em duas, e as duas partes não podiam ficar iguais.
Para qual fui injusto — eu, que as vou comer a ambas?

12/4/1919

Tu, místico, vês uma significação em todas as coisas.
Para ti tudo tem um sentido velado.
Há uma coisa oculta em cada coisa que vês.
O que vês, vê-lo sempre para veres outra coisa.

Para mim, graças a ter olhos só para ver,
Eu vejo ausência de significação em todas as coisas;
Vejo-o e amo-me, porque ser uma coisa é não significar nada.
Ser uma coisa é não ser suscetível de interpretação.

12/4/1919

Pastor do monte, tão longe de mim com as tuas ovelhas —
Que felicidade é essa que pareces ter — a tua ou a minha?
A paz que sinto quando te vejo, pertence-me ou pertence-te?
Não, nem a ti nem a mim, pastor.
Pertence só à felicidade e à paz.
Nem tu a tens, porque não sabes que a tens.
Nem eu a tenho, porque sei que a tenho.
Ela é ela só, e cai sobre nós como o sol,
Que te bate nas costas e te aquece, e tu pensas noutra coisa
[indiferentemente,
E me bate na cara e me ofusca, e eu só penso no sol.

Dizes-me: tu és mais alguma coisa
Que uma pedra ou uma planta.
Dizes-me: sentes, pensas e sabes
Que pensas e sentes.
Então as pedras escrevem versos?
Então as plantas têm idéias sobre o mundo?

Sim: há diferença.
Mas não é a diferença que encontras;
Porque o ter consciência não me obriga a ter teorias sobre as coisas:
Só me obriga a ser consciente.

Se sou mais que uma pedra ou uma planta? Não sei.
Sou diferente. Não sei o que é mais ou menos.

Ter consciência é mais que ter cor?
Pode ser e pode não ser.
Sei que é diferente apenas.
Ninguém pode provar que é mais que só diferente.

Sei que a pedra é real, e que a planta existe.
Sei isto porque elas existem.
Sei isto porque os meus sentidos mo mostram.
Sei que sou real também.
Sei isto porque os meus sentidos mo mostram,
Embora com menos clareza que me mostram a pedra e a planta.
Não sei mais nada.

Sim, escrevo versos, e a pedra não escreve versos.
Sim, faço idéias sobre o mundo, e a planta nenhumas.
Mas é que as pedras não são poetas, são pedras;
E as plantas são plantas só, e não pensadores.
Tanto posso dizer que sou superior a elas por isto,
Como que sou inferior.
Mas não digo isso: digo da pedra, “é uma pedra”,
Digo da planta, “é uma planta”,

Digo de mim, “sou eu”.
E não digo mais nada. Que mais há a dizer?

7/11/1915

A espantosa realidade das coisas
É a minha descoberta de todos os dias.
Cada coisa é o que é,
E é difícil explicar a alguém quanto isso me alegra,
E quanto isso me basta.

Basta existir para se ser completo.

Tenho escrito bastantes poemas.
Hei de escrever muitos mais, naturalmente.
Cada poema meu diz isto,
E todos os meus poemas são diferentes,
Porque cada coisa que há é uma maneira de dizer isto.

Às vezes ponho-me a olhar para uma pedra.
Não me ponho a pensar se ela sente.
Não me perco a chamar-lhe minha irmã.
Mas gosto dela por ela ser uma pedra,
Gosto dela porque ela não sente nada.
Gosto dela porque ela não tem parentesco nenhum comigo.

Outras vezes ouço passar o vento,
Eu acho que só para ouvir passar o vento vale a pena ter nascido.

Eu não sei o que é que os outros pensarão lendo isto;
Mas acho que isto deve estar bem porque o penso sem estorvo,
Nem idéia de outras pessoas a ouvir-me pensar;
Porque o penso sem pensamentos,
Porque o digo como as minhas palavras o dizem.

Uma vez chamaram-me poeta materialista,
E eu admirei-me, porque não julgava
Que se me pudesse chamar qualquer coisa.

Eu nem sequer sou poeta: vejo.
Se o que escrevo tem valor, não sou eu que o tenho:
O valor está ali, nos meus versos.
Tudo isso é absolutamente independente da minha vontade.

7/11/1915

Quando tornar a vir a primavera
Talvez já não me encontre no mundo.
Gostava agora de poder julgar que a primavera é gente
Para poder supor que ela choraria,
Vendo que perdera o seu único amigo.
Mas a primavera nem sequer é uma coisa:
É uma maneira de dizer.
Nem mesmo as flores tornam, ou as folhas verdes.
Há novas flores, novas folhas verdes.
Há outros dias suaves.
Nada torna, nada se repete, porque tudo é real.

7/11/1915

Se eu morrer novo,
Sem poder publicar livro nenhum,
Sem ver a cara que têm os meus versos em letra impressa,
Peço que, se se quiserem ralar por minha causa,
Que não se ralem.
Se assim aconteceu, assim está certo.

Mesmo que os meus versos nunca sejam impressos,
Eles lá terão a sua beleza, se forem belos.
Mas eles não podem ser belos e ficar por imprimir,
Porque as raízes podem estar debaixo da terra
Mas as flores florescem ao ar livre e à vista.
Tem que ser assim por força. Nada o pode impedir.

Se eu morrer muito novo, ouçam isto:
Nunca fui senão uma criança que brincava.
Fui gentio como o sol e a água,
De uma religião universal que só os homens não têm.
Fui feliz porque não pedi coisa nenhuma,
Nem procurei achar nada,
Nem achei que houvesse mais explicação
Que a palavra explicação não ter sentido nenhum.

Não desejei senão estar ao sol ou à chuva —
Ao sol quando havia sol
E à chuva quando estava chovendo
(E nunca a outra coisa),
Sentir calor e frio e vento,
E não ir mais longe.

Uma vez amei, julguei que me amariam,
Mas não fui amado.

Não fui amado pela única grande razão —
Porque não tinha que ser.

Consolei-me voltando ao sol e à chuva,
E sentando-me outra vez à porta de casa.
Os campos, afinal, não são tão verdes para os que são amados
Como para os que o não são.
Sentir é estar distraído.

7/11/1915

Quando vier a primavera,
Se eu já estiver morto,
As flores florirão da mesma maneira
E as árvores não serão menos verdes que na primavera passada.
A realidade não precisa de mim.

Sinto uma alegria enorme
Ao pensar que a minha morte não tem importância nenhuma.

Se soubesse que amanhã morria
E a primavera era depois de amanhã,
Morreria contente, porque ela era depois de amanhã.
Se esse é o seu tempo, quando havia ela de vir senão no seu tempo?
Gosto que tudo seja real e que tudo esteja certo;
E gosto porque assim seria, mesmo que eu não gostasse.
Por isso, se morrer agora, morro contente,
Porque tudo é real e tudo está certo.

Podem rezar latim sobre o meu caixão, se quiserem.
Se quiserem, podem dançar e cantar à roda dele.
Não tenho preferências para quando já não puder ter preferências.
O que for, quando for, é que será o que é.

Se depois de eu morrer, quiserem escrever a minha biografia,
Não há nada mais simples.
Tem só duas datas — a da minha nascença e a da minha morte.
Entre uma e outra coisa todos os dias são meus.

Sou fácil de definir.
Vi como um danado.
Amei as coisas sem sentimentalidade nenhuma.
Nunca tive um desejo que não pudesse realizar, porque nunca
[ceguei.
Mesmo ouvir nunca foi para mim senão um acompanhamento de ver.
Compreendi que as coisas são reais e todas diferentes umas das
[outras;
Compreendi isto com os olhos, nunca com o pensamento.
Compreender isto com o pensamento seria achá-las todas iguais.

Um dia deu-me o sono como a qualquer criança.
Fechei os olhos e dormi.
Além disso, fui o único poeta da natureza.

8/11/1915

É noite. A noite é muito escura. Numa casa a uma grande distância
Brilha a luz duma janela.
Vejo-a, e sinto-me humano dos pés à cabeça.
É curioso que toda a vida do indivíduo que ali mora, e que não sei
[quem é,
Atrai-me só por essa luz vista de longe.
Sem dúvida que a vida dele é real e ele tem cara, gestos, família e
[profissão.

Mas agora só me importa a luz da janela dele.
Apesar de a luz estar ali por ele a ter acendido,
A luz é a realidade imediata para mim.
Eu nunca passo para além da realidade imediata.
Para além da realidade imediata não há nada.
Se eu, de onde estou, só vejo aquela luz,
Em relação à distância onde estou há só aquela luz.
O homem e a família dele são reais do lado de lá da janela.
Eu estou do lado de cá, a uma grande distância.
A luz apagou-se.
Que me importa que o homem continue a existir?
É só ele que continua a existir.

8/11/1915

Nunca sei como é que se pode achar um poente triste.
Só se é por um poente não ser uma madrugada.
Mas se ele é um poente, como é que ele havia de ser uma madrugada?

8/11/1915

Um dia de chuva é tão belo como um dia de sol.
Ambos existem; cada um como é.

8/11/1915

Quando a erva crescer em cima da minha sepultura,
Seja este o sinal para me esquecerem de todo.
A natureza nunca se recorda, e por isso é bela.
E se tiverem a necessidade doentia de "interpretar" a erva verde,
[sobre a minha sepultura,
Digam que eu continuo a verdecer e a ser natural.

1/10/1917

No dia brancamente nublado entristeço quase a medo
E ponho-me a meditar nos problemas que finjo...

Se o homem fosse, como deveria ser,
Não um animal doente, mas o mais perfeito dos animais,
Animal direto e não indireto,
Devia ser outra a sua forma de encontrar um sentido às coisas,
Outra e verdadeira.
Devia haver adquirido um sentido do "conjunto";
Um sentido, como ver e ouvir, do "total" das coisas
E não, como temos, um pensamento do "conjunto";
E não, como temos, uma idéia, do "total" das coisas.
E assim — veríamos — não teríamos noção do "conjunto" ou do
[“total”,
Porque o sentido do "total" ou do "conjunto" não vem de um total
[ou de um conjunto
Mas da verdadeira natureza talvez nem todo nem partes.

1/10/1917

O único mistério do universo é o mais e não o menos.
Percebemos demais as coisas — eis o erro, a dúvida.
O que existe transcende para mim o que julgo que existe.
A realidade é apenas real e não pensada.

1/10/1917

O universo não é uma idéia minha.
A minha idéia do universo é que é uma idéia minha.
A noite não anoitece pelos meus olhos.
A minha idéia da noite é que anoitece por meus olhos.
Fora de eu pensar e de haver quaisquer pensamentos
A noite anoitece concretamente
E o fulgor das estrelas existe como se tivesse peso.

1/10/1917

Assim como falham as palavras quando querem exprimir qualquer
[pensamento,
Assim falham os pensamentos quando querem exprimir qualquer
[realidade.
Mas, como a realidade pensada não é a dita mas a pensada,
Assim a mesma dita realidade existe, não o ser pensada.
Assim tudo o que existe, simplesmente existe.
O resto é uma espécie de sono que temos,
Uma velhice que nos acompanha desde a infância da doença.

1/10/1917

O espelho reflete certo; não erra porque não pensa.
Pensar é essencialmente errar.
Errar é essencialmente estar cego e surdo.

1/10/1917

Estas verdades não são perfeitas porque são ditas,
E antes de ditas pensadas.
Mas no fundo o que está certo é elas negarem-se a si próprias
Na negação oposta de afirmarem qualquer coisa.
A única afirmação é ser.
E ser o oposto é o que não queria de mim.

1/10/1917

A criança que pensa em fadas e acredita nas fadas
Age como um deus doente, mas como um deus.
Porque embora afirme que existe o que não existe
Sabe como é que as coisas existem, que é existindo,
Sabe que existir existe e não se explica,
Sabe que não há razão nenhuma para nada existir,
Sabe que ser é estar em um ponto
Só não sabe que o pensamento não é um ponto qualquer.

1/10/1917

De longe vejo passar no rio um navio...
Vai Tejo abaixo indiferentemente.
Mas não é indiferentemente por não se importar comigo
E eu não exprimir desolação com isto...
É indiferentemente por não ter sentido nenhum
Exterior ao fato isoladamente navio
De ir rio abaixo sem licença da metafísica...
Rio abaixo até a realidade do mar.

1/10/1917

Creio que irei morrer.
Mas o sentido de morrer não me move,
Lembro-me que morrer não deve ter sentido.
Isto de viver e morrer são classificações como as das plantas.
Que folhas ou que flores têm uma classificação?
Que vida tem a vida ou que morte a morte?
Tudo são termos onde se define.
A única diferença é um contorno, uma paragem, uma cor que destingue,
[uma
(?) [*Um verso ilegível e incompleto*.]

1/10/1917

A noite desce, o calor soçobra um pouco,
Estou lúcido como se nunca tivesse pensado
O tivesse raiz, ligação direta com a terra
Não esta espécie de ligação de sentido secundário observado à noite,
À noite quando me separo das coisas,
E m'aproximo das estrelas ou constelações distantes —
Erro: porque o distante não é o próximo,
E aproximá-lo é enganar-me.

1/10/1917

Estou doente. Meus pensamentos começam a estar confusos.
Mas o meu corpo, tirado às coisas, entra nelas.
Sinto-me parte das coisas com o tato
E uma grande libertação começa a fazer-se em mim,
Uma grande alegria solene como a de um ato heróico
Passado a sós no gesto sóbrio e escondido.

24/10/1917

Quando está frio no tempo do frio, para mim é como se estivesse
[agradável,
Porque para o meu ser adequado à existência das coisas
O natural é o agradável só por ser natural.

Aceito as dificuldades da vida porque são o destino,
Como aceito o frio excessivo no alto do inverno —
Calmamente, sem me queixar, como quem meramente aceita,
E encontra uma alegria no fato de aceitar —
No fato sublimemente científico e difícil de aceitar o natural
[inevitável.

Que são para mim as doenças que tenho e o mal que me acontece
Senão o inverno da minha pessoa e da minha vida?
O inverno irregular, cujas leis de aparecimento desconheço,
Mas que existe para mim em virtude da mesma fatalidade sublime,
Da mesma inevitável exterioridade a mim,
Que o calor da terra no alto do verão
E o frio da terra no cimo do inverno.

Aceito por personalidade.
Nasci sujeito como os outros a erros e a defeitos,
Mas nunca ao erro de querer compreender demais,
Nunca ao erro de querer compreender só com a inteligência,
Nunca ao defeito de exigir do mundo
Que fosse qualquer coisa que não fosse o mundo.

24/10/1917

Seja o que for que esteja no centro do mundo,
Deu-me o mundo exterior por exemplo de realidade,
E quando digo "isto é real", mesmo de um sentimento,
Vejo-o sem querer em um espaço qualquer exterior,
Vejo-o com uma visão qualquer fora e alheio a mim.

Ser real quer dizer não estar dentro de mim.
Da minha pessoa de dentro não tenho noção de realidade.
Sei que o mundo existe, mas não sei se existo.
Estou mais certo da existência da minha casa branca
Do que da existência interior do dono da casa branca.
Creio mais no meu corpo do que na minha alma,
Porque o meu corpo apresenta-se no meio da realidade,
Podendo ser visto por outros,
Podendo tocar em outros,
Podendo sentar-se e estar de pé,
Mas a minha alma só pode ser definida por termos de fora.
Existe para mim — nos momentos em que julgo que efetivamente
[existe —
Por um empréstimo da realidade exterior do mundo.

Se a alma é mais real
Que o mundo exterior, como tu, filósofos, dizes,
Para que é que o mundo exterior me foi dado como tipo da realidade?

Se é mais certo eu sentir
Do que existir a coisa que sinto —
Para que sinto
E para que surge essa coisa independentemente de mim
Sem precisar de mim para existir,
E eu sempre ligado a mim-próprio, sempre pessoal e intransmissível?
Para que me movo com os outros
Em um mundo em que nos entendemos e onde coincidimos

Se por acaso esse mundo é o erro e eu é que estou certo?
Se o mundo é um erro, é um erro de toda a gente.
E cada um de nós é o erro de cada um de nós apenas.
Coisa por coisa, o mundo é mais certo.

Mas por que me interrogo, senão porque estou doente?

Nos dias certos; nos dias exteriores da minha vida,
Nos meus dias de perfeita lucidez natural,
Sinto sem sentir que sinto,
Vejo sem saber que vejo,
E nunca o universo é tão real como então,
Nunca o universo está (não é perto ou longe de mim.
Mas) tão sublimemente não-meu.

Quando digo "é evidente", quero acaso dizer "só eu é que o vejo"?
Quando digo "é verdade", quero acaso dizer "é minha opinião"?
Quando digo "ali está", quero acaso dizer "não está ali"?
E se isto é assim na vida, por que será diferente na filosofia?
Vivemos antes de filosofar, existimos antes de o sabermos,
E o primeiro fato merece ao menos a precedência e o culto.
Sim, antes de sermos interior somos exterior.
Por isso somos exterior essencialmente.

Dizes, filósofo doente, filósofo enfim, que isto é materialismo.
Mas isto como pode ser materialismo, se materialismo é uma filosofia,
Se uma filosofia seria, pelo menos sendo minha, uma filosofia minha,
E isto nem sequer é meu, nem sequer sou eu?

24/10/1917

Pouco me importa.
Pouco me importa o quê? Não sei: pouco me importa.

24/10/1917

A guerra que aflige com os seus esquadrões o mundo,
É o tipo perfeito do erro da filosofia.

A guerra, como tudo humano, quer alterar.
Mas a guerra, mais do que tudo, quer alterar e alterar muito
E alterar depressa.

Mas a guerra inflige a morte.
E a morte é o desprezo do universo por nós.
Tendo por conseqüência a morte, a guerra prova que é falsa.
Sendo falsa, prova que é falso todo o querer-alterar.

Deixemos o universo exterior e os outros homens onde a natureza os
[pôs.

Tudo é orgulho e inconsciência.
Tudo é querer mexer-se, fazer coisas, deixar rasto.
Para o coração e o comandante dos esquadrões
Regressa aos bocados o universo exterior.

A química direta da natureza
Não deixa lugar vago para o pensamento.

A humanidade é uma revolta de escravos.
A humanidade é um governo usurpado pelo povo.
Existe porque usurpou, mas erra porque usurpar é não ter direito.

Deixai existir o mundo exterior e a humanidade natural!
Paz a todas as coisas pré-humanas, mesmo no homem!
Paz à essência inteiramente exterior do universo!

29/5/1918

Todas as opiniões que há sobre a natureza
Nunca fizeram crescer uma erva ou nascer uma flor.
Toda a sabedoria a respeito das coisas
Nunca foi coisa em que pudesse pegar como nas coisas;
Se a ciência quer ser verdadeira,
Que ciência mais verdadeira que a das coisas sem ciência?
Fecho os olhos e a terra dura sobre que me deito
Tem uma realidade tão real que até as minhas costas a sentem.
Não preciso de raciocínio onde tenho espáduas.

29/5/1918

Navio que partes para longe,
Por que é que, ao contrário dos outros,
Não fico, depois de desapareceres, com saudades de ti?
Porque quando te não vejo, deixaste de existir.
E se se tem saudades do que não existe,
Sinto-a em relação a coisa nenhuma;
Não é do navio, é de nós, que sentimos saudade.

29/5/1918

Pouco a pouco o campo se alarga e se doura.
A manhã extravia-se pelos irregulares da planície.
Sou alheio ao espetáculo que vejo: vejo-o,
É exterior a mim. Nenhum sentimento me liga a ele.
E é esse sentimento que me liga à manhã que aparece.

29/5/1918

Última estrela a desaparecer antes do dia,
Pouso no teu trêmulo azular branco os meus olhos calmos,
E vejo-te independentemente de mim;
Alegre pela vitória que tenho em poder ver-te
Sem "estado de alma" nenhum, sonho ver-te.
A tua beleza para mim está em existires
A tua grandeza está em existires inteiramente fora de mim.

29/5/1918

A água chia no púcaro que elevo à boca
"É um som fresco", diz-me quem não está a bebê-la.
Sorrio. O som é só de chiar.
Bebo a água sem ouvir nada com a minha garganta.

29/5/1918

O que ouviu os meus versos disse-me: "Que tem isso de novo?
Todos sabem que uma flor é uma flor e uma árvore é uma árvore.
Mas eu respondi, nem todos, ninguém.
Porque todos amam as flores por serem belas, e eu sou diferente.
Porque todos amam as árvores por serem verdes e darem sombra,
[mas eu não.
Eu amo as flores por serem flores, diretamente.
Eu amo as árvores por serem árvores, sem o meu pensamento.

12/4/1919

Ah! Querem uma luz melhor que a do Sol!
Querem prados mais verdes do que estes!
Querem flores mais belas do que estas que vejo!
A mim este sol, estes prados, estas flores contentam-me.

Mas, se acaso me descontentam,
O que quero é um sol mais sol que o Sol,
O que quero é prados mais prados que estes prados,
O que quero é flores mais estas flores que estas flores —
Tudo mais ideal do que é do mesmo modo e da mesma maneira!
Aquela coisa que está ali estar mais ali do que ali está!
Sim, choro às vezes o corpo perfeito que não existe.
Mas o corpo perfeito é o corpo mais corpo que pode haver,
E o resto são os sonhos dos homens,
A miopia de quem vê pouco,
E o desejo de estar sentado de quem não sabe estar de pé.
Todo o cristianismo é um sonho de cadeiras.

E como a alma é aquilo que não aparece,
A alma mais perfeita é aquela que não aparece nunca —
A alma que está feita com o corpo
O absoluto corpo das coisas,
A existência absolutamente real sem sombras nem erros,
A coincidência exata e inteira de uma coisa consigo mesma.

20/4/1919

Gozo os campos sem reparar para eles.
Perguntas-me por que os gozo.
Porque os gozo, respondo.
Gozar uma flor é estar ao pé dela inconscientemente
E ter uma noção do seu perfume nas nossas idéias mais apagadas.
Quando reparo, não gozo: vejo.
Fecho os olhos, e o meu corpo, que está entre a erva,
Pertence inteiramente ao exterior de quem fecha os olhos —
À dureza fresca da terra cheirosa e irregular;
E alguma coisa dos ruídos indistintos das coisas a existir,
E só uma sombra encarnada de luz me carrega levemente nas órbitas,
E só um resto de vida ouve.

19/7/1920

Vive, dizes, no presente;
Vive só no presente.

Mas eu não quero o presente, quero a realidade;
Quero as coisas que existem, não o tempo que as mede.

O que é o presente?
É uma coisa relativa ao passado e ao futuro.
É uma coisa que existe em virtude de outras coisas existirem.
Eu quero só a realidade, as coisas sem presente.

Não quero incluir o tempo no meu esquema.
Não quero pensar nas coisas como presentes; quero pensar nelas
[como coisas.
Não quero separá-las de si-próprias, tratando-as por presentes.

Eu nem por reais as devia tratar.
Eu não as devia tratar por nada.

Eu devia vê-las, apenas vê-las;
Vê-las até não poder pensar nelas,
Vê-las sem tempo, nem espaço,
Ver podendo dispensar tudo menos o que se vê.
É esta a ciência de ver, que não é nenhuma.

13/6/1930

Hoje de manhã saí muito cedo,
Por ter acordado ainda mais cedo
E não ter nada que quisesse fazer...

Não sabia por caminho tomar
Mas o vento soprava forte, varria para um lado,
E segui o caminho para onde o vento me soprava nas costas.

Assim tem sido sempre a minha vida, e
assim quero que possa ser sempre —
Vou onde o vento me leva e não me
Sinto pensar.

10/7/1930

Primeiro prenúncio de trovoada de depois de amanhã.
As primeiras nuvens, brancas, pairam baixas no céu mortiço,
Da trovoada de depois de amanhã?
Tenho a certeza, mas a certeza é mentira.
Ter certeza é não estar vendo.
Depois de amanhã não há.
O que há é isto:
Um céu de azul, um pouco baço, umas nuvens brancas no horizonte,
Com um retoque de sujo embaixo como se viesse negro depois.
Isto é o que hoje é,
E, como hoje por enquanto é tudo, isto é tudo.
Quem sabe se eu estarei morto depois de amanhã?
Se eu estiver morto depois de amanhã, a trovoada de depois de amanhã
Será outra trovoada do que seria se eu não tivesse morrido.
Bem sei que a trovoada não cai da minha vista,
Mas se eu não estiver no mundo,
O mundo será diferente —
Haverá eu a menos —
E a trovoada cairá num mundo diferente e não será a mesma trovoada.
Seja como for, a que cair é que estará caindo quando cair.

A Ricardo Reis

Também sei fazer conjeturas.
Há em cada coisa aquilo que ela é que a anima.
Na planta está por fora e é uma ninfa pequena.
No animal é um ser interior longínquo.
No homem é a alma que vive com ele e é já ele.
Nos deuses tem o mesmo tamanho
E o mesmo espaço que o corpo
E é a mesma coisa que o corpo.
Por isso se diz que os deuses nunca morrem.
Por isso os deuses não têm corpo e alma
Mas só corpo e são perfeitos.
O corpo é que lhes é alma
E têm a consciência na própria carne divina.

A neve pôs uma toalha calada sobre tudo.
Não se sente senão o que se passa dentro de casa.
Embrulho-me num cobertor e não penso sequer em pensar.
Sinto um gozo de animal e vagamente penso,
E adormeço sem menos utilidade que todas as ações do mundo.

É talvez o último dia da minha vida.
Saudei o sol, levantando a mão direita,
Mas não o saudei, dizendo-lhe adeus,
Fiz sinal de gostar de o ver antes: mais nada.

Para além da curva da estrada
Talvez haja um poço, e talvez um castelo,
E talvez apenas a continuação da estrada.
Não sei nem pergunto.
Enquanto vou na estrada antes da curva
Só olho para a estrada antes da curva,
Porque não posso ver senão a estrada antes da curva.
De nada me serviria estar olhando para outro lado
E para aquilo que não vejo.
Importemo-nos apenas com o lugar onde estamos.
Há beleza bastante em estar aqui e não noutra parte qualquer.
Se há alguém para além da curva da estrada,
Esses que se preocupem com o que há para além da curva da estrada.
Essa é que é a estrada para eles.
Se nós tivermos que chegar lá, quando lá chegarmos saberemos.
Por ora só sabemos que lá não estamos.
Aqui há só a estrada antes da curva, e antes da curva
Há a estrada sem curva nenhuma.

Passar a limpo a matéria
Repor no seu lugar as coisas que os homens desarrumaram
Por não perceberem para que serviam
Endireitar, como uma boa dona de casa da realidade,
As cortinas nas janelas da sensação
E os capachos às portas da percepção
Varrer os quartos da observação
E limpar o pó das idéias simples...
Eis a minha vida, verso a verso.

O que vale a minha vida? No fim (não sei que fim)
Um diz: ganhei trezentos contos,
Outro diz: tive três mil dias de glória,
Outro diz: estive bem com a minha consciência e isso é bastante...
E eu, se lá aparecerem e me perguntarem o que fiz,
Direi: olhei para as coisas e mais nada.
E por isso trago aqui o universo dentro da algibeira.
E se Deus me perguntar: e o que viste tu nas coisas?
Respondo: apenas as coisas... Tu não puseste lá mais nada.
E Deus, que é da mesma opinião, fará de mim uma nova espécie de
[santo.

Todas as teorias, todos os poemas
Duram mais que esta flor,
Mas isso é como o nevoeiro, que é desagradável e úmido,
E mais que esta flor...
O tamanho ou duração não têm importância nenhuma...
São apenas tamanho e duração...
O que importa é aquilo que dura e tem dimensão
(Se verdadeira dimensão é a realidade)...
Ser real é a coisa mais nobre do mundo.

Medo da morte?
Acordarei de outra maneira.
Talvez corpo, talvez continuidade, talvez renovado,
Mas acordarei.
Se até os átomos não dormem, por que hei-de ser eu só a dormir?

Então os meus versos têm sentido e o universo não há-de ter sentido?
Em que geometria é que a parte excede o todo?
Em que biologia é que o volume dos órgãos
Tem mais vida que o corpo?

Leram-me hoje S. Francisco de Assis.
Leram-me e pasmei.
Como é que um homem que gostava tanto das coisas
Nunca olhava para elas, não sabia o que elas eram?

Para que hei-de chamar minha irmã a água, se ela não é minha irmã?
Para a sentir melhor?
Sinto-a melhor bebendo-a do que chamando-lhe qualquer coi sa —
Irmã, ou mãe, ou filha.
A água é a água e é bela por isso.
Se eu lhe chamar minha irmã,
Ao chamar-lhe minha irmã, vejo que o não é
E que se ela é a água o melhor é chamar-lhe água;
Ou, melhor ainda, não lhe chamar coisa nenhuma,
Mas bebê-la, senti-la nos pulsos, olhar para ela
E tudo isto sem nome nenhum.

Sempre que penso uma coisa, traio-a.
Só tendo-a diante de mim devo pensar nela,
Não pensando, mas vendo,
Não com o pensamento, mas com os olhos.
Uma coisa que é visível existe para se ver,
E o que existe para os olhos não tem que existir para o pensamento;
Só existo diretamente para o pensamento e não para os olhos.

Olho, e as coisas existem.
Penso e existo só eu.

Eu queria ter o tempo e o sossego suficientes
Para não pensar em coisa nenhuma,
Para nem me sentir viver,
Para só saber de mim nos olhos dos outros, refletido.

A manhã raia. Não: a manhã não raia.
A manhã é uma coisa abstrata, está, não é uma coisa.
Começamos a ver o sol, a esta hora, aqui.
Se o sol matutino dando nas árvores é belo,
É tão belo se chamarmos a manhã "começarmos a ver o sol"
Como o é se lhe chamarmos a manhã;
Por isso não há vantagem em pôr nomes errados às coisas,
Nem mesmo em lhes pôr nomes alguns.

Aceita o universo
Como to deram os deuses.
Se os deuses te quisessem dar outro
Ter-to-iam dado.

Se há outras matérias e outros mundos —
Haja.

Mas para que me comparar com uma flor, se eu sou eu
E a flor é a flor?

Ah, não comparemos coisa nenhuma; olhemos.
Deixemos analogias, metáforas, símiles.
Comparar uma coisa com outra é esquecer essa coisa.
Nenhuma coisa lembra outra se repararmos para ela.
Cada coisa só lembra o que é
E só é o que nada mais é.
Separa-a de todas as outras o abismo de ser ela
(E as outras não serem ela).
Tudo é nada sem outra coisa que não é.

O quê? Valho mais que uma flor
Porque ela não sabe que tem cor e eu sei,
Porque ela não sabe que tem perfume e eu sei,
Porque ela não tem consciência de mim e eu tenho consciência dela?

Mas o que tem uma coisa com a outra
Para que seja superior ou inferior a ela?
Sim, tenho consciência da planta e ela não a tem de mim.
Mas se a forma da consciência é ter consciência, que há nisso?
A planta, se falasse, podia dizer-me: e o teu perfume?
Podia dizer-me: tu tens consciência porque ter consciência é uma
[qualidade humana
E eu não tenho consciência porque sou flor, não sou homem.
Tenho perfume e tu não tens, porque sou flor...

O conto antigo da Gata Borralheira,
O João Ratão e o Barba Azul e os 40 Ladrões,
E depois o Catecismo e a história de Cristo
E depois todos os poetas e todos os filósofos;
E a lenha ardia na lareira quando se contavam contos,
O sol havia lá fora em dias de destino,
E por cima da leitura dos poetas as árvores e as terras...
Só hoje vejo o que é que aconteceu na verdade.
Que a lenha ardida, exatamente porque ardeu,
Que o sol dos dias de destino, porque já não há,
Que as árvores e as terras (para além das páginas dos poetas) —
Que disto tudo só fica o que nunca foi:
Porque a recompensa de não existir é estar sempre presente.

Duas horas e meia da madrugada. Acordo, e adormeço.
Houve em mim um momento de vida diferente entre sono e sono.

Se ninguém condecora o sol por dar luz,
Para que condecoram quem é herói?

Durmo com a mesma razão com que acordo
E é no intervalo que existo.

Nesse momento, em que acordei, dei por todo o mundo —
Uma grande noite incluindo tudo
Só para fora.

Pétala dobrada para trás da rosa que outros diriam de veludo,
Apanho-te do chão e, de perto, contemplo-te de longe.

Não há rosas no meu quintal: que vento te trouxe?
Mas chego de longe de repente. Estive doente um momento.
Nenhum vento te trouxe agora.
Agora nada te trouxe ainda agora.
O que tu foste não és tu, senão, estava aqui.

Não tenho pressa. Pressa de quê?
Não têm pressa o Sol e a Lua: estão certos.
Ter pressa é crer que a gente passa adiante das pernas,
Ou que, dando um pulo, salta por cima da sombra.
Não; não tenho pressa.
Se estendo o braço, chego exatamente onde o meu braço chega —
Nem um centímetro mais longe.
Toco só onde toco, não onde penso.
Só me posso sentar onde estou.
E isto faz rir como todas as verdades absolutamente verdadeiras,
Mas o que faz rir a valer é que nós pensamos sempre noutra coisa,
E somos vadios do nosso corpo.

Sim: existo dentro do meu corpo.
Não trago o Sol ou a Lua na algibeira.
Não quero conquistar mundos porque dormi mal,
Nem almoçar o mundo por causa do estômago.
Indiferente?
Não: filho da Terra, que se der um salto, está em falso,
Um momento no ar que não é para nós,
E só contente quando os pés lhe batem outra vez na terra,
Trás! Na realidade que não falta!

O verde do céu azul antes do sol ir a nascer,
E o azul branco do ocidente onde o brilhar do sol se sumiu.

As cores verdadeiras das coisas que os olhos vêem
O luar não branco mas cinzento levemente azulado.

Contenta-me ver com os olhos e não com as páginas lidas.

Como uma criança antes de a ensinarem a ser grande,
Fui verdadeiro e leal ao que vi e ouvi.

Não sei o que é conhecer-me. Não vejo para dentro. Não acredito que eu exista por detrás de mim.

Patriota? Não: só português.
Nasci português como nasci louro e de olhos azuis.
Se nasci para falar, tenho que falar uma língua.

Deito-me ao comprido na erva
E esqueço tudo quanto me ensinaram.
O que me ensinaram nunca me deu mais calor nem mais frio.
O que me disseram que havia nunca me alterou a forma de uma
[coisa.
O que me aprenderam a ver nunca tocou noe meus olhos.
O que me apontaram nunca estava ali: estava ali só o que ali estava.

Falaram-me em homens, em humanidade,
Mas eu nunca vi homens nem vi humanidade.
Vi vários homens assombrosamente diferentes entre si,
Cada um separado do outro por um espaço sem homens.

Ponham na minha sepultura
    Aqui jaz, sem cruz,
    Alberto Caeiro
    Que foi buscar os deuses...
    Se os deuses vivem ou não isso é convosco.
    A mim deixei que me recebessem.

Posfácio*

ÁLVARO DE CAMPOS

Notas para a recordação do meu mestre Caeiro

Conheci o meu mestre Caeiro em circunstâncias excepcionais — como todas as circunstâncias da vida, e sobretudo as que, não sendo nada em si mesmas, hão de vir a ser tudo nos resultados.

Deixei em quase três-quartos o meu curso escocês de engenharia naval; parti numa viagem ao Oriente; no regresso, desembarcando em Marselha, e sentindo um grande tédio de seguir, vim por terra até Lisboa. Um primo meu levou-me um dia de passeio ao Ribatejo; conhecia um primo de Caeiro, e tinha com ele negócios; encontrei-me com o que havia de ser meu mestre em casa desse seu primo. Não há mais que contar, porque isto é pequeno, como toda a fecundação.

Vejo ainda, com claridade da alma, que as lágrimas da lembrança não empanam, porque a visão não é externa... Vejo-o diante de mim, e vê-lo-ei talvez eternamente como primeiro o vi. Primeiro, os olhos azuis de criança que não tem medo; depois, os malares já um pouco salientes, a cor um pouco pálida, e o estranho ar grego, que vinha de dentro e era uma calma, e não de fora, porque não era expressão nem feições. O cabelo, quase abundante, era louro, mas, se faltava luz, acastanhava-se. A estatura era média, tendendo para mais alta, mas curvada, sem ombros altos. O gesto era branco, o sorriso era como era, a voz era igual, lançada num tom de quem não procura

---

*As notas que integram este posfácio foram publicadas, pela primeira vez, na revista *Presença*, nº 30, Lisboa, janeiro-fevereiro, 1931.

senão dizer o que está dizendo — nem alta nem baixa, clara, livre de intenções, de hesitações, de timidezas. O olhar azul não sabia deixar de fitar. Se a nossa observação estranhava qualquer coisa, encontrava-a: a testa, sem ser alta, era poderosamente branca. Repito: era pela sua brancura, que parecia maior que a da cara pálida, que tinha majestade. As mãos um pouco delgadas, mas não muito; a palma era larga. A expressão da boca, a última coisa em que se reparava — como se falar fosse, para este homem, menos que existir —, era a de um sorriso como o que se atribui em verso às coisas inanimadas belas, só porque nos agradam — flores, campos largos, águas com sol —, um sorriso de existir, e não de nos falar.

Meu mestre, meu mestre, perdido tão cedo! Revejo-o na sombra que sou em mim, na memória que conservo do que sou de morto...

Foi durante a nossa primeira conversa... Como foi não sei, e ele disse: "Está aqui um rapaz Ricardo Reis que há de gostar de conhecer: ele é muito diferente de si". E depois acrescentou, "tudo é diferente de nós, e por isso é que tudo existe".

Esta frase, dita como se fosse um axioma da terra, seduziu-me com um abalo, como o de todas as primeiras posses, que me entrou nos alicerces da alma. Mas, ao contrário da sedução material, o efeito em mim foi de receber de repente, em todas as minhas sensações, uma virgindade que não tinha tido.

Referindo-me, uma vez, ao conceito direto das coisas, que caracteriza a sensibilidade de Caeiro, citei-lhe, com perversidade amiga, que Wordsworth designa um insensível pela expressão:

A primrose by the river's brim
A yellow primrose was to him,
An it was nothing more.

E traduzi (omitindo a tradução exata de primrose, *pois não sei nomes de flores nem de plantas): "Uma flor à margem do rio para ele era uma flor amarela, e não era mais nada".*

O meu mestre Caeiro riu. "Esse simples via bem: uma flor amarela não é realmente senão uma flor amarela."

Mas, de repente, pensou.

"Há uma diferença", acrescentou. "Depende se se considera a flor amarela como uma das várias flores amarelas, ou como aquela flor amarela só."

E depois disse:

"O que esse seu poeta inglês queria dizer é que para o tal homem essa flor amarela era uma experiência vulgar, ou coisa conhecida. Ora isso é que não está bem. Toda a coisa que vemos, devemos vê-la sempre pela primeira vez, porque realmente é a primeira vez que a vemos. E então cada flor amarela é uma nova flor amarela, ainda que seja o que se chama a mesma de ontem. A gente não é já o mesmo nem a flor a mesma. O próprio amarelo não pode ser já o mesmo. É pena a gente não ter exatamente os olhos para saber isso, porque então éramos todos felizes".

O meu mestre Caeiro não era um pagão: era o paganismo. O Ricardo Reis é um pagão, o Antônio Mora é um pagão, eu sou um pagão; o próprio Fernando Pessoa seria um pagão, se não fosse um novelo embrulhado para o lado de dentro. Mas o Ricardo Reis é um pagão por caráter, o Antônio Mora é um pagão por inteligência, eu sou um pagão por revolta, isto é, por temperamento. Em Caeiro não havia explicação para o paganismo; havia consubstanciação.

Vou definir isto da maneira em que se definem as coisas indefiníveis — pela cobardia do exemplo. Uma das coisas que mais nitidamente nos sacodem na comparação de nós com os gregos é a ausência de conceito de infinito, a repugnância de infinito, entre os gregos. Ora, o meu mestre Caeiro tinha lá mesmo esse mesmo inconceito. Vou contar, creio que com grande exatidão, a conversa assombrosa em que mo revelou.

Referia-me ele, aliás desenvolvendo o que diz num dos poemas de O Guardador de Rebanhos, *que não sei quem lhe tinha chamado em tempos "poeta materialista". Sem achar a frase justa, porque o meu mestre Caeiro não é definível com qualquer frase justa, disse, contudo, que não era absurdo de todo a atribuição. E expliquei-lhe, mais ou menos bem, o que é o materialismo clássico. Caeiro ouviu-me com uma atenção de cara dolorosa, e depois disse-me bruscamente:*

"Mas isso o que é é muito estúpido. Isso é uma coisa de padres sem religião, e portanto sem desculpa nenhuma".

Fiquei atônito, e apontei-lhe várias semelhanças entre o materialismo e a doutrina dele, salva a poesia desta última. Caeiro protestou.

"Mas isso a que V. chama poesia é que é tudo. Nem é poesia: é ver. Essa gente materialista é cega. V. diz que eles dizem que o espaço é infinito. Onde é que eles viram isso no espaço?"

E eu, desnorteado. "Mas V. não concebe o espaço como infinito? Você não pode conceber o espaço como infinito?"

"Não concebo nada como infinito. Como é que eu posso conceber qualquer coisa como infinito?"

"Homem", disse eu, "suponha um espaço. Para além desse espaço há mais espaço, para além desse mais, e depois mais, e mais, e mais... Não acaba..."

"Por quê?", disse o meu mestre Caeiro.

Fiquei num terramoto mental. "Suponha que acaba", gritei. "O que há depois?"

"Se acaba, depois não há nada", respondeu.

Este gênero de argumentação, cumulativamente infantil e feminina, e portanto irrespondível, atou-me o cérebro durante uns momentos.

"Mas V. concebe isso?", deixei cair por fim.

"Se concebo o quê? Uma coisa ter limites? Pudera! O que não tem limites não existe. Existir é haver outra coisa qualquer e portanto cada coisa ser limitada. O que é que custa conceber que uma coisa é uma coisa, e não está sempre a ser uma outra coisa que está mais adiante?"

Nessa altura senti carnalmente que estava discutindo, não com outro homem, mas com outro universo. Fiz uma última tentativa, um desvio que me obriguei a sentir legítimo.

"Olhe, Caeiro... Considere os números... Onde é que acabam os números? Tomemos qualquer número — 34, por exemplo. Para além dele temos 35, 36, 37, 38, e assim sem poder parar. Não há número grande que não haja um número maior..."

"Mas isso são só números", protestou o meu mestre Caeiro.

E depois acrescentou, olhando-me com uma formidável infância: "O que é o 34 na Realidade?"

Há frases repentinas, profundas porque vêm do profundo, que definem um homem, ou, antes, com que um homem se define, sem definição. Não me esquece aquela em que Ricardo Reis uma vez se me definiu. Falava-se de mentir, e ele disse: "Abomino a mentira, porque é uma inexatidão". Todo o Ricardo Reis — passado, presente e futuro — está nisto.

O meu mestre Caeiro, como não dizia senão o que era, pode ser definido por qualquer frase sua, escrita ou falada, sobretudo depois do período que começa do meio em diante de O Guardador de Rebanhos. *Mas, entre tantas frases que escreveu e se imprimem, entre tantas que me disse e relato ou não relato, a que o contém com maior simplicidade é aquela que uma vez me disse em Lisboa. Falava-se de não sei quê que tinha que ver com as relações de cada qual consigo mesmo. E eu perguntei de repente ao meu mestre Caeiro, "está contente consigo?". E ele respondeu: "Não: estou contente". Era como a voz da terra, que é tudo e ninguém.*

Nunca vi triste o meu mestre Caeiro. Não sei se estava triste quando morreu, ou nos dias antes. Seria possível sabê-lo, mas a verdade é que nunca ousei perguntar aos que assistiram à morte qualquer coisa da morte ou de como ele a teve.

Em todo o caso, foi uma das angústias da minha vida — das angústias reais em meio de tantas que têm sido fictícias — que Caeiro morresse sem eu estar ao pé dele. Isto é estúpido mas humano, e é assim.

Eu estava em Inglaterra. O próprio Ricardo Reis não estava em Lisboa, estava de volta no Brasil. Estava o Fernando Pessoa, mas é como se não estivesse. O Fernando Pessoa sente as coisas mas não se mexe, nem mesmo por dentro.

Nada me consola de não ter estado em Lisboa nesse dia, a não ser aquela consolação que pensar no meu mestre Caeiro, ou dos seus versos; e a própria idéia do nada — a mais pavorosa de todas se se pensa com a sensibilidade — tem, na obra e na recordação do meu mestre querido, qualquer coisa de luminoso e de alto, como o sol sobre as neves dos píncaros inatingíveis.

Fernando Pessoa: vida e obra

DURVAL CORDAS*

Fernando Antônio Nogueira Pessoa nasceu em Lisboa, a 13 de junho de 1888. Com a morte prematura de seu pai, Joaquim de Seabra Pessoa, aos quarenta e três anos, quando Fernando tinha apenas cinco, sua mãe, Maria Madalena Pinheiro Nogueira Pessoa, casou-se novamente, dois anos depois, com João Miguel Rosa, então cônsul interino em Durban. Essa circunstância levou o futuro poeta a viver o final de sua infância e a adolescência na África do Sul, onde freqüentou em escolas regulares o equivalente, hoje, ao ensino fundamental, adquirindo pleno domínio da língua inglesa. Entre Durban e rápidas passagens por Lisboa, nasceram seus outros três irmãos e três irmãs, falecendo alguns ainda crianças.

* Tradutor, bacharel em Lingüística e Língua Portuguesa pela Universidade de São Paulo, e em Jornalismo pela Faculdade Cásper Líbero.

Seu gosto pela poesia foi sendo cultivado pela leitura de Milton, Byron, Shelley, Keats, Tennyson e Edgar Allan Poe, entre outros escritores de língua inglesa, idioma em que já escrevia prosa e poesia desde 1901. Em 1904, foi admitido na Universidade do Cabo da Boa Esperança, apresentando um ensaio, em inglês, com o qual ganhou o Prêmio Rainha Vitória. Mas, no ano seguinte, optou por matricular-se no curso de Letras da Universidade de Lisboa, onde foi morar com a avó e duas tias. Não completou o curso, abandonado em 1907. Na terra natal, descobriria os grandes escritores de língua portuguesa, fascinando-se principalmente pelo Padre Antônio Vieira e por Cesário Verde.

Depois de montar uma tipografia e editora em Lisboa, que funcionou por muito pouco tempo, de começar a traduzir cartas comerciais para empresas estrangeiras — ofício com que se sustentaria pelo resto de sua vida — e de traduzir textos poéticos para uma antologia de autores universais, o poeta começava a chamar a atenção por artigos publicados na revista *A Águia*. Esse era o órgão oficial da Renascença Portuguesa, movimento cultural de cunho nacionalista, neo-garrettista e sebastianista que surgiu no Porto em 1912. Em 1913, saíam também artigos de Fernando Pessoa na revista *Teatro*. No ano seguinte, no único número da revista *Renascença*, publicava o poema "Impressões do crepúsculo". Estava criado, assim, o Paulismo – da palavra "pauis", que inicia o poema —, a "arte de sonho moderna", postulando o abandono do mundo exterior na poesia; era a primeira expressão de poesia modernista em Portugal.

O período de 1913 a 1917 é considerado o mais fértil do pensamento estético e literário de Pessoa. Depois do Paulismo, o poeta propôs o Interseccionismo, com o qual queria expressar a complexidade e a intersecção das percepções, na esteira do que, nas artes plásticas, propunham o Futurismo e o Cubismo. Em seguida, apresentou o Sensacionismo, entendendo a sensação como "a única realidade da vida", e defendendo que, na arte, "nossas sensações devem ser expressas de tal modo que criem um objeto que seja uma sensação para os outros".

Nesses anos se consolidava, também, na obra do poeta, o fenômeno dos heterônimos, a maneira como o poeta, acreditando ser necessário fazer-se todos, para experimentar as várias faces da percepção do Universo e ultrapassar o caos da relatividade, desdobrava-se também em muitos eus. Ricardo Reis, o poeta de visão humanista, imaginado em 1912, escrevia sua primeira poesia em 1914. Nesse ano apareciam também Alberto Caeiro, mestre de todos os outros, poeta por natureza e da natureza, e Álvaro de Campos, poeta do mundo moderno. Menos famosos, ao longo dos anos outros heterônimos surgiriam: Bernardo Soares, Alexander Search (escrevendo em inglês), Vicente Guedes, Antônio Mora, Coelho Pacheco, para não falar do Chevalier de Pas, surgido ainda em 1894, quando o autor contava apenas seis anos.

O ano de 1915 seria marcado pelo aparecimento da ousada revista literária *Orpheu*, publicada por um grupo de jovens artistas liderados por Pessoa. Entre estes encontravam-se Mário de Sá-Carneiro, Almada Negreiros e Luís de Montalvor. Paralelamente às duas únicas edições de *Orpheu*, considerada o marco do surgimento do Modernismo em Portugal, Pessoa publicava artigos e crônicas na *Galera*, de Coimbra, em *O Jornal* e *A Capital*, de Lisboa, e continuava a traduzir.

Em 1916, o amigo Mário de Sá-Carneiro, que se transferira para Paris um ano antes, suicidava-se, não sem antes comunicar seu propósito, por carta, a Pessoa. Concluída a curta aventura do *Orpheu*, o poeta passou a se dedicar intensamente, nesses anos, à obra de seus heterônimos e aos poemas em inglês. Embora tivesse declarado a "morte" de Alberto Caeiro no final de 1915, escrevia, ainda em 1919, vários poemas do heterônimo. Esse foi também o ano do falecimento de seu padrasto; no ano seguinte, indo a mãe e os irmãos do poeta morar em Lisboa, Fernando Pessoa voltaria a morar com a família.

Os anos de 1922 e 1923 foram marcados para Fernando Pessoa por algumas polêmicas: nas páginas da revista *Contemporânea*, que surgira em 1922 e com a qual colaborava desde a primeira edição, o poeta foi atacado por Álvaro Maia no artigo "Sodoma divinizada", que criticava artigo anterior de Pessoa na mesma revista; pouco depois, a recém-fundada Liga de Ação dos Estudantes de Lisboa publicava um manifesto contra o que se chamava "literatura de Sodoma", encabeçada por Raul Leal, e Fernando Pessoa saía em defesa deste com seu *Sobre um manifesto de estudantes*.

Em 1924, fundou, com Rui Vaz, a revista *Atena*, que duraria cinco números, desaparecendo no ano seguinte. O ano de 1925 foi também o da morte de sua mãe. Continuava a publicar artigos e poesias em jornais e revistas, entre eles a revista *Presença*, dedicada à arte e à crítica, lançada em Coimbra em 1927, periódico que encarnava o ceticismo de uma parte da intelectualidade portuguesa perante os ideais progressistas e republicanos do século XIX e pretendia uma arte desligada do campo político, social ou religioso.

No ano de 1930, viu-se envolvido num episódio estranho. Como grande conhecedor e praticante da astrologia, a cujo estudo se dedicava pelo menos desde 1915, correspondera-se, nesse mesmo ano, com o mago inglês Aleister Crowley, que, no início de setembro, foi a Lisboa para visitá-lo. No fim do mês, o mago desapareceria, sem deixar vestígios, e um depoimento do poeta sobre o misterioso desaparecimento seria publicado em *Notícias Ilustrado*. Apesar de não compartilhar com a linha ocultista praticada por Crowley, Pessoa colaborou na encenação do que teria sido o suicídio do mago, dando a este a oportunidade de esquivar-se do público – ao que parece, Crowley teria sido também agente duplo dos ingleses e dos alemães, um dos motivos pelos quais gostaria de sair de cena.

Em 1933, passou por uma grave crise de neurastenia, espécie de neurose autoconsciente que provoca grande irritabilidade, além de insônias e dores de cabeça. O ano seguinte é o da única publicação de um livro seu de poesias em língua portuguesa: trata-se da obra *Mensagem*, com a qual o autor obteria o segundo lugar no Prêmio Antero de Quental, promovido pela Secretaria de Propaganda Nacional, atrás do livro *Romaria*, de Vasco Reis. De fato, além das várias poesias e artigos esparsos publicados em diversos jornais e revistas, em vida do poeta só saíram mesmo, em livro, além de *Mensagem*, as obras em inglês *Antinous* e *35 Sonnets*, em 1918, e *Inscriptions*, em 1920, e dois outros opúsculos em prosa.

Em 30 de novembro de 1935, um dia depois de ter sido internado, Fernando Pessoa falecia, aos quarenta e sete anos, de cirrose hepática, deixando apenas em intenção a idéia de publicar seu primeiro grande livro. Seus admiradores e estudiosos dariam prosseguimento à tarefa de trazer à luz a obra do poeta educado em inglês que exerceu na literatura de língua portuguesa influência tal a ponto de se falar de um ciclo pessoano que se inicia sucedendo, simplesmente, aquele inaugurado pela poesia de Luís de Camões.

Principais obras

Poesia: *Mensagem* (1934); *Antinous* (1918); *35 Sonnets* (1918); *Inscriptions* (1920); *English poems I, II e III* (1921, reunião dos três livros anteriores); *Poesias* de Fernando Pessoa (1942); *Poesias* de Álvaro de Campos (1944); *Poemas* de Alberto Caeiro (1946); *Odes* de Ricardo Reis (1946); *Poemas dramáticos* (1952); *Poesias inéditas 1930-1935* (1955); *Poesias inéditas 1919-1930* (1956); *Quadras ao gosto popular* (1965); *Novas poesias inéditas* (1973); *Livro do desassossego* por Bernardo Soares (1982); *Cancioneiro* (1990).

Prosa: *Aviso por causa da Moral* (1923); *Interregno-defesa e justificação da ditadura militar em Portugal* (1928); *Páginas de doutrina estética* (1946); *Páginas íntimas e de auto-interpretação* (1966); *Páginas de estética e teoria e crítica literária* (1966); *Textos filosóficos* (1968, em 2 volumes); *Cartas de amor* (1978); *Sobre Portugal. Introdução ao problema nacional* (1979); *Da república 1910-1935* (1979); *Textos de crítica e de intervenção* (1980); *Ultimatum e páginas de sociologia política* (1980); *O banqueiro anarquista* (1981); *Obras de António Mora* (2002).

Índice

Relação dos Volumes Publicados

1. **Dom Casmurro**
Machado de Assis
2. **O Príncipe**
Maquiavel
3. **Mensagem**
Fernando Pessoa
4. **O Lobo do Mar**
Jack London
5. **A Arte da Prudência**
Baltasar Gracián
6. **Iracema / Cinco Minutos**
José de Alencar
7. **Inocência**
Visconde de Taunay
8. **A Mulher de 30 Anos**
Honoré de Balzac
9. **A Moreninha**
Joaquim Manuel de Macedo
10. **A Escrava Isaura**
Bernardo Guimarães
11. **As Viagens - "Il Milione"**
Marco Polo
12. **O Retrato de Dorian Gray**
Oscar Wilde
13. **A Volta ao Mundo em 80 Dias**
Júlio Verne
14. **A Carne**
Júlio Ribeiro
15. **Amor de Perdição**
Camilo Castelo Branco
16. **Sonetos**
Luís de Camões
17. **O Guarani**
José de Alencar
18. **Memórias Póstumas de Brás Cubas**
Machado de Assis
19. **Lira dos Vinte Anos**
Álvares de Azevedo
20. **Apologia de Sócrates / Banquete**
Platão
21. **A Metamorfose/Um Artista da Fome/Carta a Meu Pai**
Franz Kafka
22. **Assim Falou Zaratustra**
Friedrich Nietzsche
23. **Triste Fim de Policarpo Quaresma**
Lima Barreto
24. **A Ilustre Casa de Ramires**
Eça de Queirós
25. **Memórias de um Sargento de Milícias**
Manuel Antônio de Almeida
26. **Robinson Crusoé**
Daniel Defoe
27. **Espumas Flutuantes**
Castro Alves
28. **O Ateneu**
Raul Pompeia
29. **O Noviço / O Juiz de Paz da Roça / Quem Casa Quer Casa**
Martins Pena
30. **A Relíquia**
Eça de Queirós
31. **O Jogador**
Dostoiévski
32. **Histórias Extraordinárias**
Edgar Allan Poe
33. **Os Lusíadas**
Luís de Camões
34. **As Aventuras de Tom Sawyer**
Mark Twain
35. **Bola de Sebo e Outros Contos**
Guy de Maupassant
36. **A República**
Platão
37. **Elogio da Loucura**
Erasmo de Rotterdam
38. **Caninos Brancos**
Jack London
39. **Hamlet**
William Shakespeare
40. **A Utopia**
Thomas More
41. **O Processo**
Franz Kafka
42. **O Médico e o Monstro**
Robert Louis Stevenson
43. **Ecce Homo**
Friedrich Nietzsche
44. **O Manifesto do Partido Comunista**
Marx e Engels
45. **Discurso do Método / Regras para a Direção do Espírito**
René Descartes
46. **Do Contrato Social**
Jean-Jacques Rousseau
47. **A Luta pelo Direito**
Rudolf von Ihering
48. **Dos Delitos e das Penas**
Cesare Beccaria
49. **A Ética Protestante e o Espírito do Capitalismo**
Max Weber
50. **O Anticristo**
Friedrich Nietzsche
51. **Os Sofrimentos do Jovem Werther**
Goethe
52. **As Flores do Mal**
Charles Baudelaire
53. **Ética a Nicômaco**
Aristóteles
54. **A Arte da Guerra**
Sun Tzu
55. **Imitação de Cristo**
Tomás de Kempis
56. **Cândido ou o Otimismo**
Voltaire
57. **Rei Lear**
William Shakespeare
58. **Frankenstein**
Mary Shelley
59. **Quincas Borba**
Machado de Assis
60. **Fedro**
Platão
61. **Política**
Aristóteles
62. **A Viuvinha / Encarnação**
José de Alencar
63. **As Regras do Método Sociológico**
Émile Durkheim
64. **O Cão dos Baskervilles**
Sir Arthur Conan Doyle
65. **Contos Escolhidos**
Machado de Assis
66. **Da Morte / Metafísica do Amor / Do Sofrimento do Mundo**
Arthur Schopenhauer
67. **As Minas do Rei Salomão**
Henry Rider Haggard
68. **Manuscritos Econômico-Filosóficos**
Karl Marx
69. **Um Estudo em Vermelho**
Sir Arthur Conan Doyle
70. **Meditações**
Marco Aurélio
71. **A Vida das Abelhas**
Maurice Materlinck
72. **O Cortiço**
Aluísio Azevedo
73. **Senhora**
José de Alencar
74. **Brás, Bexiga e Barra Funda / Laranja da China**
Antônio de Alcântara Machado
75. **Eugênia Grandet**
Honoré de Balzac
76. **Contos Gauchescos**
João Simões Lopes Neto
77. **Esaú e Jacó**
Machado de Assis
78. **O Desespero Humano**
Sören Kierkegaard
79. **Dos Deveres**
Cícero
80. **Ciência e Política**
Max Weber
81. **Satíricon**
Petrônio
82. **Eu e Outras Poesias**
Augusto dos Anjos
83. **Farsa de Inês Pereira / Auto da Barca do Inferno / Auto da Alma**
Gil Vicente
84. **A Desobediência Civil e Outros Escritos**
Henry David Toreau
85. **Para Além do Bem e do Mal**
Friedrich Nietzsche
86. **A Ilha do Tesouro**
R. Louis Stevenson
87. **Marília de Dirceu**
Tomás A. Gonzaga
88. **As Aventuras de Pinóquio**
Carlo Collodi
89. **Segundo Tratado Sobre o Governo**
John Locke
90. **Amor de Salvação**
Camilo Castelo Branco
91. **Broquéis/Faróis/ Últimos Sonetos**
Cruz e Souza
92. **I-Juca-Pirama / Os Timbiras / Outros Poemas**
Gonçalves Dias
93. **Romeu e Julieta**
William Shakespeare
94. **A Capital Federal**
Arthur Azevedo
95. **Diário de um Sedutor**
Sören Kierkegaard
96. **Carta de Pero Vaz de Caminha a El-Rei Sobre o Achamento do Brasil**
97. **Casa de Pensão**
Aluísio Azevedo
98. **Macbeth**
William Shakespeare

99. **Édipo Rei/Antígona** *Sófocles*

100. **Lucíola** *José de Alencar*

101. **As Aventuras de Sherlock Holmes** *Sir Arthur Conan Doyle*

102. **Bom-Crioulo** *Adolfo Caminha*

103. **Helena** *Machado de Assis*

104. **Poemas Satíricos** *Gregório de Matos*

105. **Escritos Políticos / A Arte da Guerra** *Maquiavel*

106. **Ubirajara** *José de Alencar*

107. **Diva** *José de Alencar*

108. **Eurico, o Presbítero** *Alexandre Herculano*

109. **Os Melhores Contos** *Lima Barreto*

110. **A Luneta Mágica** *Joaquim Manuel de Macedo*

111. **Fundamentação da Metafísica dos Costumes e Outros Escritos** *Immanuel Kant*

112. **O Príncipe e o Mendigo** *Mark Twain*

113. **O Domínio de Si Mesmo pela Auto-Sugestão Consciente** *Émile Coué*

114. **O Mulato** *Aluísio Azevedo*

115. **Sonetos** *Florbela Espanca*

116. **Uma Estadia no Inferno / Poemas / Carta do Vidente** *Arthur Rimbaud*

117. **Várias Histórias** *Machado de Assis*

118. **Fédon** *Platão*

119. **Poesias** *Olavo Bilac*

120. **A Conduta para a Vida** *Ralph Waldo Emerson*

121. **O Livro Vermelho** *Mao Tsé-Tung*

122. **Oração aos Moços** *Rui Barbosa*

123. **Otelo, o Mouro de Veneza** *William Shakespeare*

124. **Ensaios** *Ralph Waldo Emerson*

125. **De Profundis / Balada do Cárcere de Reading** *Oscar Wilde*

126. **Crítica da Razão Prática** *Immanuel Kant*

127. **A Arte de Amar** *Ovídio Naso*

128. **O Tartufo ou O Impostor** *Molière*

129. **Metamorfoses** *Ovídio Naso*

130. **A Gaia Ciência** *Friedrich Nietzsche*

131. **O Doente Imaginário** *Molière*

132. **Uma Lágrima de Mulher** *Aluísio Azevedo*

133. **O Último Adeus de Sherlock Holmes** *Sir Arthur Conan Doyle*

134. **Canudos - Diário de uma Expedição** *Euclides da Cunha*

135. **A Doutrina de Buda** *Siddharta Gautama*

136. **Tao Te Ching** *Lao-Tsé*

137. **Da Monarquia / Vida Nova** *Dante Alighieri*

138. **A Brasileira de Prazins** *Camilo Castelo Branco*

139. **O Velho da Horta/Quem Tem Farelos?/Auto da Índia** *Gil Vicente*

140. **O Seminarista** *Bernardo Guimarães*

141. **O Alienista / Casa Velha** *Machado de Assis*

142. **Sonetos** *Manuel du Bocage*

143. **O Mandarim** *Eça de Queirós*

144. **Noite na Taverna / Macário** *Álvares de Azevedo*

145. **Viagens na Minha Terra** *Almeida Garrett*

146. **Sermões Escolhidos** *Padre Antonio Vieira*

147. **Os Escravos** *Castro Alves*

148. **O Demônio Familiar** *José de Alencar*

149. **A Mandrágora / Belfagor, o Arquidiabo** *Maquiavel*

150. **O Homem** *Aluísio Azevedo*

151. **Arte Poética** *Aristóteles*

152. **A Megera Domada** *William Shakespeare*

153. **Alceste/Electra/Hipólito** *Eurípedes*

154. **O Sermão da Montanha** *Huberto Rohden*

155. **O Cabeleira** *Franklin Távora*

156. **Rubáiyát** *Omar Khayyám*

157. **Luzia-Homem** *Domingos Olímpio*

158. **A Cidade e as Serras** *Eça de Queirós*

159. **A Retirada da Laguna** *Visconde de Taunay*

160. **A Viagem ao Centro da Terra** *Júlio Verne*

161. **Caramuru** *Frei Santa Rita Durão*

162. **Clara dos Anjos** *Lima Barreto*

163. **Memorial de Aires** *Machado de Assis*

164. **Bhagavad Gita** *Krishna*

165. **O Profeta** *Khalil Gibran*

166. **Aforismos** *Hipócrates*

167. **Kama Sutra** *Vatsyayana*

168. **Histórias de Mowgli** *Rudyard Kipling*

169. **De Alma para Alma** *Huberto Rohden*

170. **Orações** *Cícero*

171. **Sabedoria das Parábolas** *Huberto Rohden*

172. **Salomé** *Oscar Wilde*

173. **Do Cidadão** *Thomas Hobbes*

174. **Porque Sofremos** *Huberto Rohden*

175. **Einstein: o Enigma do Universo** *Huberto Rohden*

176. **A Mensagem Viva do Cristo** *Huberto Rohden*

177. **Mahatma Gandhi** *Huberto Rohden*

178. **A Cidade do Sol** *Tommaso Campanella*

179. **Setas para o Infinito** *Huberto Rohden*

180. **A Voz do Silêncio** *Helena Blavatsky*

181. **Frei Luís de Sousa** *Almeida Garrett*

182. **Fábulas** *Esopo*

183. **Cântico de Natal/ Os Carrilhões** *Charles Dickens*

184. **Contos** *Eça de Queirós*

185. **O Pai Goriot** *Honoré de Balzac*

186. **Noites Brancas e Outras Histórias** *Dostoiévski*

187. **Minha Formação** *Joaquim Nabuco*

188. **Pragmatismo** *William James*

189. **Discursos Forenses** *Enrico Ferri*

190. **Medeia** *Eurípedes*

191. **Discursos de Acusação** *Enrico Ferri*

192. **A Ideologia Alemã** *Marx & Engels*

193. **Prometeu Acorrentado** *Ésquilo*

194. **Iaiá Garcia** *Machado de Assis*

195. **Discursos no Instituto dos Advogados Brasileiros / Discurso no Colégio Anchieta** *Rui Barbosa*

196. **Édipo em Colono** *Sófocles*

197. **A Arte de Curar pelo Espírito** *Joel S. Goldsmith*

198. **Jesus, o Filho do Homem** *Khalil Gibran*

199. **Discurso sobre a Origem e os Fundamentos da Desigualdade entre os Homens** *Jean-Jacques Rousseau*

200. **Fábulas** *La Fontaine*

201. **O Sonho de uma Noite de Verão** *William Shakespeare*

...VEL, O PODER
José Nivaldo Junior

203. RESSURREIÇÃO
Machado de Assis

204. O CAMINHO DA FELICIDADE
Huberto Rohden

205. A VELHICE DO PADRE ETERNO
Guerra Junqueiro

206. O SERTANEJO
José de Alencar

207. GITANJALI
Rabindranath Tagore

208. SENSO COMUM
Thomas Paine

209. CANAÃ
Graça Aranha

210. O CAMINHO INFINITO
Joel S. Goldsmith

211. PENSAMENTOS
Epicuro

212. A LETRA ESCARLATE
Nathaniel Hawthorne

213. AUTOBIOGRAFIA
Benjamin Franklin

214. MEMÓRIAS DE SHERLOCK HOLMES
Sir Arthur Conan Doyle

215. O DEVER DO ADVOGADO / POSSE DE DIREITOS PESSOAIS
Rui Barbosa

216. O TRONCO DO IPÊ
José de Alencar

217. O AMANTE DE LADY CHATTERLEY
D. H. Lawrence

218. CONTOS AMAZÔNICOS
Inglês de Souza

219. A TEMPESTADE
William Shakespeare

220. ONDAS
Euclides da Cunha

221. EDUCAÇÃO DO HOMEM INTEGRAL
Huberto Rohden

222. NOVOS RUMOS PARA A EDUCAÇÃO
Huberto Rohden

223. MULHERZINHAS
Louise May Alcott

224. A MÃO E A LUVA
Machado de Assis

225. A MORTE DE IVAN ILICHT / SENHORES E SERVOS
Leon Tolstói

226. ÁLCOOIS E OUTROS POEMAS
Apollinaire

227. PAIS E FILHOS
Ivan Turguêniev

228. ALICE NO PAÍS DAS MARAVILHAS
Lewis Carroll

229. À MARGEM DA HISTÓRIA
Euclides da Cunha

230. VIAGEM AO BRASIL
Hans Staden

231. O QUINTO EVANGELHO
Tomé

232. LORDE JIM
Joseph Conrad

233. CARTAS CHILENAS
Tomás Antônio Gonzaga

234. ODES MODERNAS
Anntero de Quental

235. DO CATIVEIRO BABILÔNICO DA IGREJA
Martinho Lutero

236. O CORAÇÃO DAS TREVAS
Joseph Conrad

237. THAIS
Anatole France

238. ANDRÔMACA / FEDRA
Racine

239. AS CATILINÁRIAS
Cícero

240. RECORDAÇÕES DA CASA DOS MORTOS
Dostoiévski

241. O MERCADOR DE VENEZA
William Shakespeare

242. A FILHA DO CAPITÃO / A DAMA DE ESPADAS
Aleksandr Púchkin

243. ORGULHO E PRECONCEITO
Jane Austen

244. A VOLTA DO PARAFUSO
Henry James

245. O GAÚCHO
José de Alencar

246. TRISTÃO E ISOLDA
Lenda Medieval Celta de Amor

247. POEMAS COMPLETOS DE ALBERTO CAEIRO
Fernando Pessoa

248. MAIAKÓSVSKI
Vida e Poesia

249. SONETOS
William Shakespeare

250. POESIA DE RICARDO REIS
Fernando Pessoa

251. PAPÉIS AVULSOS
Machado de Assis

252. CONTOS FLUMINENSES
Machado de Assis

253. O BOBO
Alexandre Herculano

254. A ORAÇÃO DA COROA
Demóstenes

255. O CASTELO
Franz Kafka

256. O TROVEJAR DO SILÊNCIO
Joel S. Goldsmith

257. ALICE NA CASA DOS ESPELHOS
Lewis Carrol

258. MISÉRIA DA FILOSOFIA
Karl Marx

259. JÚLIO CÉSAR
William Shakespeare

260. ANTÔNIO E CLEÓPATRA
William Shakespeare

261. FILOSOFIA DA ARTE
Huberto Rohden

262. A ALMA ENCANTADORA DAS RUAS
João do Rio

263. A NORMALISTA
Adolfo Caminha

264. POLLYANNA
Eleanor H. Porter

265. AS PUPILAS DO SENHOR REITOR
Júlio Diniz

266. AS PRIMAVERAS
Casimiro de Abreu

267. FUNDAMENTOS DO DIREITO
Léon Duguit

268. DISCURSOS DE METAFÍSICA
G. W. Leibniz

269. SOCIOLOGIA E FILOSOFIA
Émile Durkheim

270. CANCIONEIRO
Fernando Pessoa

271. A DAMA DAS CAMÉLIAS
Alexandre Dumas (filho)

272. O DIVÓRCIO / AS BASES DA FÉ / E OUTROS TEXTOS
Rui Barbosa

273. POLLYANNA MOÇA
Eleanor H. Porter

274. O 18 BRUMÁRIO DE LUÍS BONAPARTE
Karl Marx

275. TEATRO DE MACHADO DE ASSIS
Antologia

276. CARTAS PERSAS
Montesquieu

277. EM COMUNHÃO COM DEUS
Huberto Rohden

278. RAZÃO E SENSIBILIDADE
Jane Austen

279. CRÔNICAS SELECIONADAS
Machado de Assis

280. HISTÓRIAS DA MEIA-NOITE
Machado de Assis

281. CYRANO DE BERGERAC
Edmond Rostand

282. O MARAVILHOSO MÁGICO DE OZ
L. Frank Baum

283. TROCANDO OLHARES
Florbela Espanca

284. O PENSAMENTO FILOSÓFICO DA ANTIGUIDADE
Huberto Rohden

285. FILOSOFIA CONTEMPORÂNEA
Huberto Rohden

286. O ESPÍRITO DA FILOSOFIA ORIENTAL
Huberto Rohden

287. A PELE DO LOBO / O BADEJO / O DOTE
Artur Azevedo

288. OS BRUZUNDANGAS
Lima Barreto

289. A PATA DA GAZELA
José de Alencar

290. O VALE DO TERROR
Sir Arthur Conan Doyle

291. O SIGNO DOS QUATRO
Sir Arthur Conan Doyle

292. AS MÁSCARAS DO DESTINO
Florbela Espanca

293. A CONFISSÃO DE LÚCIO
Mário de Sá-Carneiro

294. FALENAS
Machado de Assis

295. O URAGUAI / A DECLAMAÇÃO TRÁGICA
Basílio da Gama

296. CRISÁLIDAS
Machado de Assis

297. AMERICANAS
Machado de Assis

298. A CARTEIRA DE MEU TIO
Joaquim Manuel de Macedo

299. CATECISMO DA FILOSOFIA
Huberto Rohden

300. APOLOGIA DE SÓCRATES
Platão (Edição bilingue)

301. RUMO À CONSCIÊNCIA CÓSMICA
Huberto Rohden

302. COSMOTERAPIA
Huberto Rohden

303. BODAS DE SANGUE
Federico García Lorca

304. DISCURSO DA SERVIDÃO VOLUNTÁRIA
Étienne de La Boétie

305. **Categorias**
Aristóteles

306. **Manon Lescaut**
Abade Prévost

307. **Teogonia / Trabalho e Dias**
Hesíodo

308. **As Vítimas-Algozes**
Joaquim Manuel de Macedo

309. **Persuasão**
Jane Austen

310. **Agostinho** - *Huberto Rohden*

311. **Roteiro Cósmico**
Huberto Rohden

312. **A Queda dum Anjo**
Camilo Castelo Branco

313. **O Cristo Cósmico e os Essênios** - *Huberto Rohden*

314. **Metafísica do Cristianismo**
Huberto Rohden

315. **Rei Édipo** - *Sófocles*

316. **Livro dos provérbios**
Salomão

317. **Histórias de Horror**
Howard Phillips Lovecraft

318. **O Ladrão de Casaca**
Maurice Leblanc

319. **Til**
José de Alencar

Série Ouro
(Livros com mais de 400 p.)

1. **Leviatã**
Thomas Hobbes

2. **A Cidade Antiga**
Fustel de Coulanges

3. **Crítica da Razão Pura**
Immanuel Kant

4. **Confissões**
Santo Agostinho

5. **Os Sertões**
Euclides da Cunha

6. **Dicionário Filosófico**
Voltaire

7. **A Divina Comédia**
Dante Alighieri

8. **Ética Demonstrada à Maneira dos Geômetras**
Baruch de Spinoza

9. **Do Espírito das Leis**
Montesquieu

10. **O Primo Basílio**
Eça de Queirós

11. **O Crime do Padre Amaro**
Eça de Queirós

12. **Crime e Castigo**
Dostoiévski

13. **Fausto**
Goethe

14. **O Suicídio**
Émile Durkheim

15. **Odisseia**
Homero

16. **Paraíso Perdido**
John Milton

17. **Drácula**
Bram Stoker

18. **Ilíada**
Homero

19. **As Aventuras de Huckleberry Finn**
Mark Twain

20. **Paulo – O 13º Apóstolo**
Ernest Renan

21. **Eneida**
Virgílio

22. **Pensamentos**
Blaise Pascal

23. **A Origem das Espécies**
Charles Darwin

24. **Vida de Jesus**
Ernest Renan

25. **Moby Dick**
Herman Melville

26. **Os Irmãos Karamazovi**
Dostoiévski

27. **O Morro dos Ventos Uivantes**
Emily Brontë

28. **Vinte Mil Léguas Submarinas**
Júlio Verne

29. **Madame Bovary**
Gustave Flaubert

30. **O Vermelho e o Negro**
Stendhal

31. **Os Trabalhadores do Mar**
Victor Hugo

32. **A Vida dos Doze Césares**
Suetônio

33. **O Moço Loiro**
Joaquim Manuel de Macedo

34. **O Idiota**
Dostoiévski

35. **Paulo de Tarso**
Huberto Rohden

36. **O Peregrino**
John Bunyan

37. **As Profecias**
Nostradamus

38. **Novo Testamento**
Huberto Rohden

39. **O Corcunda de Notre Dame**
Victor Hugo

40. **Arte de Furtar**
Anônimo do século XVII

41. **Germinal**
Emile Zola

42. **Folhas de Relva**
Walt Whitman

43. **Ben-Hur — Uma História dos Tempos de Cristo**
Lew Wallace

44. **Os Maias**
Eça de Queirós

45. **O Livro da Mitologia**
Thomas Bulfinch

46. **Os Três Mosqueteiros**
Alexandre Dumas

47. **Poesia de Álvaro de Campos**
Fernando Pessoa

48. **Jesus Nazareno**
Huberto Rohden

49. **Grandes Esperanças**
Charles Dickens

50. **A Educação Sentimental**
Gustave Flaubert

51. **O Conde de Monte Cristo (Volume I)**
Alexandre Dumas

52. **O Conde de Monte Cristo (Volume II)**
Alexandre Dumas

53. **Os Miseráveis (Volume I)**
Victor Hugo

54. **Os Miseráveis (Volume II)**
Victor Hugo

55. **Dom Quixote de La Mancha (Volume I)**
Miguel de Cervantes

56. **Dom Quixote de La Mancha (Volume II)**
Miguel de Cervantes

57. **As Confissões**
Jean-Jacques Rousseau

58. **Contos Escolhidos**
Artur Azevedo

59. **As Aventuras de Robin Hood**
Howard Pyle

60. **Mansfield Park**
Jane Austen